JN247379

秘書検定
実問題集

2

2021 年度版

第116回▶第122回

早稲田教育出版

まえがき

「秘書」は，かつては社長秘書などという言い方で代表されたように，多くは専業でしたが，最近は少し様子が変ってきました。ＩＴの発展により会社の役員などでも情報管理を自身でできるようになりましたから，秘書は秘書だけをしていればよいという時代ではなくなりました。例えば営業部長でも秘書的な能力のある部員に秘書的なことをやってもらって，効率的な仕事の仕方をする人が多くなってきました。このような場合の秘書は兼務秘書などという言い方がされています。

考えてみれば，秘書の仕事は上司の補佐（手助け）ですが，会社などに就職すれば，初めは誰でも自分より目上の人（先輩・上役）の補佐が仕事です。しかもこの補佐は秘書的な能力（人間的能力）が求められる仕事です。

このようなことから秘書的能力は，「ヒューマンスキル（ビジネスの場で必要な対人関係についての能力）」と考えられるようになってきています。

今後は，会社などで社員に求める能力は，ヒューマンスキルとしての秘書的能力が期待され，この方向で発展していくものと思われます。

●秘書検定のスペシャリティー（特色）

秘書検定には「準１級」と「１級」に面接試験があります。内容は，秘書的能力は人間的な能力であることから，対人関係を題材（応対・報告）にしたロールプレイングになっています。特に準１級は，学生さんには就職面接の面接体験的な位置づけにもなっていて，社会性を体験することから対人関係に自信が持てるようにもなります。挑戦を期待しています。

本書の利用について

1．本書の問題編には，「秘書技能検定試験」として，第116回～第122回までに実施された2級試験問題を収載しています。ただし，第121回（2020年6月14日）は，新型コロナウイルス感染拡大防止措置により中止となりました。このため本書に収載はありません。

2．巻末の「解答・解説」は必要に応じて本編から外して利用することができます。また，解答のうち記述形式によるものは，問題の性格上，本書掲載の解答に限定されない「解答例」です。

3．各問にある「難易度ランク」は，★の数が多いほど難しくなります。

4．本書は2021年3月から実施される「秘書検定CBT」の受験対策としても，活用できます。

5．2級の試験時間は120分です。本書の問題を解く際の参考にしてください。選択問題は「…適当と思われるものを選びなさい」「…不適当と思われるものを選びなさい」などの違いに気を付けて読んでください。

時間は有効に使って答案は隅々まで点検し，一人でも多く合格できますよう，ご健闘をお祈りしております。

＜本書の過去試験問題の表記について＞

第122回検定（2020年11月15日実施）より，全ての問題文・選択肢内の「秘書Ａ子」「新人Ｂ子」といった表記は，「秘書Ａ」「新人Ｂ」という性差のない表記に変わりました。
編集部では，第120回以前の過去問題を収載するに当たり，本書を利用して受験準備を進める方が本番の試験で十分力を発揮できるよう，同様に表記を変更しました。ご承知おきください。

早稲田教育出版　編集部

秘書検定
実問題集
2021
年度版
2級

CONTENTS

第116回▶第122回

秘書検定　試験案内

◆秘書検定の級位と出題領域別問題数

秘書検定の級位には1級，準1級，2級，3級があり，それぞれ程度の違いに差がついています。

3級と2級の出題数は，従来の例ですと

①「必要とされる資質」領域から5問

②「職務知識」領域から5問

③「一般知識」領域から3問

④「マナー・接遇」領域から12問

⑤「技能」領域から10問

計35問出題されます。

◆出題形式

3級と2級は筆記試験のみです。試験内容の約9割がマークシート方式の5肢択一（五つの選択肢から一つを選ぶ）問題で，約1割が記述解答式の問題です。1級と準1級は一次試験（筆記試験）に合格すると二次試験（ロールプレイング形式の面接試験）があります。

◆筆記試験合格基準

筆記試験は1級～3級とも「理論」と「実技」に領域が区分され，それぞれの得点が60%以上のとき合格となります。どちらか一方の得点が60%未満のときは合格になりません。

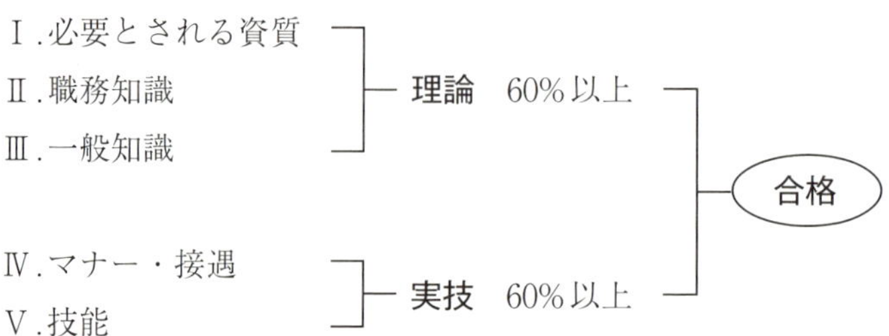

◆試験日　他

原則として6月，11月，2月に筆記試験が行われます。ただし2月の試験は3級と2級のみです。

〈併願受験について〉

3級と2級，2級と準1級については同時に申し込みができ，同日中に受験ができます。申し込み後の変更はできません。（1級は，他の級との併願受験はできません）

〈受験資格について〉

学歴・年齢，その他の制限は一切ありません。どなたでも受験することができます。

〈1級・準1級筆記試験の免除について〉

筆記試験に合格し，面接試験を受けたが不合格だった方は，1年間（次回と次々回）に限り筆記試験が免除されます。ただし，初回の面接試験を欠席された方には適用されません。

秘書検定CBT試験について

2021年3月からコンピューターを使用して秘書検定（2級・3級）を受験できるようになりました。資格のレベルや認定については従来の検定試験と同様です。

CBT試験では，年3回の試験日に限定されず都合のよい日程を選んで受験することができ，合否結果も試験終了後すぐに分かります。お近くのテストセンター（全国270カ所以上）で受験することができます。

詳細は，実務技能検定協会のホームページで確認してください。

その他ご不明点は秘書検定ホームページをご覧になるか，下記へお問い合わせください。

公益財団法人 実務技能検定協会　秘書検定部

〒169-0075　東京都新宿区高田馬場一丁目4番15号

電話 03(3200)6675　URL https://jitsumu-kentei.jp/

schedule

2021年度　秘書検定
試験実施日

■試験当日の持ち物チェック
□受験票
□身分証明書
（学生証･運転免許証･健康保険証･パスポート等）
□HBの黒鉛筆
またはシャープペンシル
（万年筆･ボールペン等不可）
□消しゴム
□腕時計
※携帯電話，スマートフォン等の電子機器類を時計代わりに使用することはできません。

CHECK

第124回
6/13（日）
受付期間
● 2021年4月7日（水）
～5月11日（火）

●実施級●
3級, 2級, 準1級, 1級

第125回
11/14（日）
受付期間
● 2021年9月1日（水）
～10月12日（火）

●実施級●
3級, 2級, 準1級, 1級

第126回
2/6（日）
受付期間
● 2021年12月6日（月）
～2022年1月11日（火）

●実施級●
3級, 2級のみ

申し込みから合格まで

個人の申込はインターネットで

以下の２種類の申込方法があります。

①インターネットで申し込む

パソコン，タブレット，スマートフォンで以下のアドレスにアクセスし，申込情報を入力後，コンビニエンスストアまたは，クレジットカードで受験料を支払う。
URL https://jitsumu-kentei.jp/

②郵送で申し込む

現金書留で，願書と受験料を協会へ郵送する。
（願書は協会より取り寄せる）

申し込みは受付期間内に

受験願書の受付期間は，試験日のほぼ2カ月前から1カ月前までです。
また，郵送の場合は消印が締切日翌日までのものが有効となります。

いよいよ試験当日！

試験当日は，受験票，身分証明書と合わせて，遅刻しないように会場までの交通機関，所要時間もしっかりチェックしましょう。
20 分以上遅刻すると受験できませんのでご注意を。

●受験票と身分証明書を提示

受付で試験監督者に受験票と身分証明書を提示してください。

●途中退室について

試験開始80分後からできますが，よく見直しをしましょう。

合否通知について

3級，2級の合否は，試験日の約３週間後に通知します。
準１級筆記試験の合否は，試験日の約２週間後，１級の合否は，面接試験日の約１週間前までに通知します。
面接の合否は準１級・１級ともに試験日から約３週間後に通知します。
希望者には合格証明書（要手数料）を発行します。

★インターネット合否速報

合否速報は試験日の約2週間後から
秘書検定ホームページで確認できます！

5 秘書検定審査基準の解説 つの領域で問うものとは

● 必要とされる資質

秘書の仕事は上司の身の回りの世話や仕事の手助けです。それを適切に実行するための感覚，判断力のようなものが秘書の資質ということです。変則的な来客をどのように取り次ぐかなどの判断，上司が何を望んでいるかなどを察して対応する気の利かせ方などが問われます。

● 職務知識

上司の留守をどのように預かるか。上司の仕事をどのように手伝うかなど，秘書特有の仕事の仕方について問われます。

● 一般知識

秘書はビジネスの場で仕事をします。そのためには，上司や身の回りの人が話す言葉が理解できる必要があります。とはいっても大げさなことではなく，上司の仕事を手助けするためにはこのくらいは知っていなくてはという，社会常識的な範囲で主に経済用語が問われます。

● マナー・接遇

ビジネスの場では礼儀作法をビジネスマナーといいます。マナーは対人関係では欠かすことのできないものです。上下関係のある人の集まりである職場では，ビジネスマナーを心得ていないとその一員にはなれません。目上の人（上司・先輩・来客など）にはどのように接すればよいか，対人関係の基本となる言葉遣い，来客にはどのようにお茶を出すか，社交常識（主に弔事，慶事）などについて問われます。

● 技　能

ビジネスの場で必要な，文書，ファイリング，事務用品，会議などについての初歩的な知識，用語。また，オフィスの環境整備について常識的なことが問われます。

秘書技能審査基準 2級

程度	領域		内容
秘書的業務について理解ができ，準1級に準じた知識があり，技能が発揮できる。	**Ⅰ 必要とされる資質**	(1)秘書的な仕事を行うについて備えるべき要件	① 一般的に秘書的業務を処理する能力がある。 ② 判断力，記憶力，表現力，行動力がある。 ③ 機密を守れる，機転が利くなどの資質を備えている。
		(2)要求される人柄	① 身だしなみを心得，良識がある。 ② 誠実，明朗，素直などの資質を備えている。
	Ⅱ 職務知識	(1)秘書的な仕事の機能	① 秘書的な仕事の機能を知っている。 ② 上司の機能と秘書的な仕事の機能の関連を知っている。
	Ⅲ 一般知識	(1)社会常識	① 社会常識を備え，時事問題について知識がある。
		(2)経営管理に関する知識	① 経営管理に関する初歩的な知識がある。
	Ⅳ マナー・接遇	(1)人間関係	① 人間関係について一般的な知識がある。
		(2)マナー	① ビジネスマナー，一般的なマナーを心得ている。
		(3)話し方，接遇	① 一般的な敬語，接遇用語が使える。 ② 短い報告，説明，簡単な説得ができる。 ③ 真意を捉える聞き方が一般的にできる。 ④ 忠告が受けられ，注意ができる。
		(4)交際の業務	① 慶事，弔事に伴う庶務，情報収集とその処理ができる。 ② 贈答のマナーを一般的に知っている。 ③ 上司加入の諸会の事務を扱うことができる。
	Ⅴ 技能	(1)会議	① 会議に関する知識，および進行，手順についての知識がある。 ② 会議の計画，準備，事後処理ができる。
		(2)文書の作成	① 文例を見て，社内外の文書が作成できる。 ② 会議の簡単な議事録が作成できる。 ③ 折れ線，棒，簡単な円などのグラフを書くことができる。
		(3)文書の取り扱い	① 送付方法，受発信事務について知識がある。 ② 秘扱い文書の取り扱いについて知識がある。
		(4)ファイリング	① 一般的なファイルの作成，整理，保管ができる。
		(5)資料管理	① 名刺，業務上必要な資料類の整理，保管が一般的にできる。 ② 要求された社内外の情報収集，整理，保管が一般的にできる。
		(6)スケジュール管理	① 上司のスケジュール管理が一般的にできる。
		(7)環境，事務用品の整備	① オフィスの整備，管理，および事務用品の整備，管理が一般的にできる。

秘書技能審査基準 3級

程度	領域		内容
初歩的な秘書的業務の理解ができ，2級に準じた知識があり，技能が発揮できる。	Ⅰ 必要とされる資質	(1)秘書的な仕事を行うについて備えるべき要件	① 初歩的な秘書的業務を処理する能力がある。 ② 判断力，記憶力，表現力，行動力がある。 ③ 機密を守れる，機転が利くなどの資質を備えている。
		(2)要求される人柄	① 身だしなみを心得，良識がある。 ② 誠実，明朗，素直などの資質を備えている。
	Ⅱ 職務知識	(1)秘書的な仕事の機能	① 秘書的な仕事の機能を知っている。 ② 上司の機能と秘書的な仕事の機能の関連を知っている。
	Ⅲ 一般知識	(1)社会常識	① 社会常識を備え，時事問題について知識がある。
		(2)経営に関する知識	① 経営に関する初歩的な知識がある。
	Ⅳ マナー・接遇	(1)人間関係	① 人間関係について初歩的な知識がある。
		(2)マナー	① ビジネスマナー，一般的なマナーを心得ている。
		(3)話し方，接遇	① 一般的な敬語，接遇用語が使える。 ② 簡単な短い報告，説明ができる。 ③ 真意を捉える聞き方が，初歩的なレベルでできる。 ④ 注意，忠告が受けられる。
		(4)交際の業務	① 慶事，弔事に伴う庶務，情報収集と簡単な処理ができる。 ② 贈答のマナーを一般的に知っている。
	Ⅴ 技能	(1)会議	① 会議に関する知識，および進行，手順について初歩的な知識がある。 ② 会議について，初歩的な計画，準備，事後処理ができる。
		(2)文書の作成	① 簡単な社内文書が作成できる。 ② 簡単な折れ線，棒などのグラフを書くことができる。
		(3)文書の取り扱い	① 送付方法，受発信事務について初歩的な知識がある。 ② 秘扱い文書の取り扱いについて初歩的な知識がある。
		(4)ファイリング	① 簡単なファイルの作成，整理，保管ができる。
		(5)資料管理	① 名刺，業務上必要な資料類の簡単な整理，保管ができる。 ② 要求された簡単な社内外の情報収集ができ，簡単な整理，保管ができる。
		(6)スケジュール管理	① 上司の簡単なスケジュール管理ができる。
		(7)環境，事務用品の整備	① オフィスの簡単な整備，管理，および事務用品の簡単な整備，管理ができる。

秘書技能審査基準 準1級

【一次試験（筆記）】

程度	領域		内容
秘書的業務について理解があり，1級に準じた知識を持つとともに，技能が発揮できる。	Ⅰ 必要とされる資質	(1)秘書的な仕事を行うについて備えるべき要件	① 秘書的な仕事を処理する能力がある。 ② 判断力，記憶力，表現力，行動力がある。 ③ 機密を守れる，機転が利くなどの資質を備えている。
		(2)要求される人柄	① 身だしなみを心得，良識がある。 ② 誠実，明朗，素直などの資質を備えている。
	Ⅱ 職務知識	(1)秘書的な仕事の機能	① 秘書的な仕事の機能を知っている。 ② 上司の機能と秘書的な仕事の機能の関連を知っている。
	Ⅲ 一般知識	(1)社会常識	① 社会常識を備え，時事問題について知識がある。
		(2)経営管理に関する知識	① 経営管理に関する一般的な知識がある。
	Ⅳ マナー・接遇	(1)人間関係	① 人間関係について知識がある。
		(2)マナー	① ビジネスマナー，一般的なマナーを心得ている。
		(3)話し方，接遇	① 状況に応じた言葉遣いができ，適切な敬語，接遇用語が使える。 ② 長い報告，説明，苦情処理，説得ができる。 ③ 真意を捉える聞き方ができる。 ④ 忠告が受けられ，忠告の仕方を理解している。
		(4)交際の業務	① 慶事，弔事の次第とそれに伴う庶務，情報収集とその処理ができる。 ② 贈答のマナーを知っている。 ③ 上司加入の諸会の事務，および寄付などに関する事務が扱える。
	Ⅴ 技能	(1)会議	① 会議に関する知識，および進行，手順についての知識がある。 ② 会議の計画，準備，事後処理ができる。
		(2)文書の作成	① 社内外の文書が作成できる。 ② 会議の簡単な議事録が作成できる。 ③ 折れ線，棒，円などのグラフを書くことができる。
		(3)文書の取り扱い	① 送付方法，受発信事務について知識がある。 ② 秘扱い文書の取り扱いについて知識がある。
		(4)ファイリング	① ファイルの作成，整理，保管ができる。
		(5)資料管理	① 名刺，業務上必要な資料類の整理，保管ができる。 ② 要求された社内外の情報収集，整理，保管ができる。
		(6)スケジュール管理	① 上司のスケジュール管理ができる。
		(7)環境，事務用品の整備	① オフィスの整備，管理，および事務用品の整備，管理が適切にできる。

【二次試験（面接）】

	審査要素	
(1) ロールプレイング	秘書的業務担当者としての，態度，振る舞い，話の仕方，言葉遣い，物腰，身なりなどの適性。	① 一般的なあいさつ（自己紹介）ができる。 ② 上司への報告ができる。 ③ 上司への来客に対応できる。

秘書技能審査基準 1級

【一次試験（筆記）】

程度	領域		内容
秘書的業務全般について十分な理解があり，高度な知識を持つとともに，高度な技能が発揮できる。	**Ⅰ 必要とされる資質**	(1)秘書的な仕事を行うについて備えるべき要件	① 秘書的な仕事を処理するのに十分な能力がある。 ② 判断力，記憶力，表現力，行動力がある。 ③ 機密を守れる，機転が利くなどの資質を備えている。
		(2)要求される人柄	① 身だしなみを心得，良識がある。 ② 誠実，明朗，素直などの資質を備えている。
	Ⅱ 職務知識	(1)秘書的な仕事の機能	① 秘書的な仕事の機能を知っている。 ② 上司の機能と秘書的な仕事の機能の関連を十分に知っている。
	Ⅲ 一般知識	(1)社会常識	① 社会常識を備え，時事問題について知識が十分にある。
		(2)経営管理に関する知識	① 経営管理に関する一般的な知識がある。
	Ⅳ マナー・接遇	(1)人間関係	① 人間関係についての知識が十分にある。
		(2)マナー	① ビジネスマナー，一般的なマナーを十分に心得ている。
		(3)話し方，接遇	① 状況に応じた言葉遣いが十分にでき，高度な敬語，接遇用語が使える。 ② 複雑で長い報告，説明，苦情処理，説得ができる。 ③ 真意を捉える聞き方ができる。 ④ 忠告が受けられ，忠告の仕方を十分に理解している。
		(4)交際の業務	① 慶事，弔事の次第とそれに伴う庶務，情報収集とその処理ができる。 ② 贈答のマナーを十分知っている。 ③ 上司加入の諸会の事務，および寄付などに関する事務ができる。
	Ⅴ 技能	(1)会議	① 会議に関する知識，および進行，手順についての知識が十分にある。 ② 会議の計画，準備，事後処理が十分にできる。
		(2)文書の作成	① 社内外の文書が作成できる。 ② 会議の議事録が作成できる。 ③ データに基づき，適切なグラフを書くことができる。
		(3)文書の取り扱い	① 送付方法，受発信事務について知識が十分にある。 ② 秘扱い文書の取り扱いについて知識が十分にある。
		(4)ファイリング	① 適切なファイルの作成，整理，保管ができる。
		(5)資料管理	① 名刺，業務上必要な資料類の整理，保管ができる。 ② 要求された社内外の情報収集，整理，保管ができる。
		(6)スケジュール管理	① 上司のスケジュール管理が十分にできる。
		(7)環境の整備	① オフィスの整備，管理ができ，レイアウトの知識がある。

【二次試験（面接）】

	審査要素	
(1) ロールプレイング	秘書的業務担当者としての，態度，振る舞い，話の仕方，言葉遣い，物腰，身なりなどの適性。	① 上司への報告ができる。 ② 上司への来客に対応できる。

秘書検定 2 級

第 122 回

問題

試験時間 120 分

必要とされる資質

1 難易度ランク ★★★ ✓CHECK! □□□

営業部員Aは，退職する部長秘書Cの後任として引き継ぎを受けることになった。次は，一通り引き継ぎを受けた後にAが行ったことである。中から不適当と思われるものを一つ選びなさい。

1）Cに，「部長の秘書業務で特に注意した方がよいことがあったら教えてもらいたい」と頼んだ。
2）同僚に，「Cの仕事を引き継ぐことになったので，いろいろと力を貸してもらいたい」と頼んだ。
3）先輩に，「初めは至らないことが多いと思うが，何かあれば遠慮なく注意してもらいたい」と言った。
4）Cに，「教えられたことを復習して，分からないことはささいなことでも確認させてもらう」と言った。
5）部長に，「一通り引き継ぎを受けたが，これまでの秘書業務の仕方で変えた方がよいことはないか」と尋ねた。

2 難易度ランク ★ ✓CHECK! □□□

次は秘書Aが，個人的な用件で上司を訪ねてきた客が帰った後に行ったことである。中から不適当と思われるものを一つ選びなさい。

1）上司から客の名刺を渡されたので，仕事上のものとは別にファイルすると伝えた。
2）客の服装や話し方の印象が他の来客と違っていたので，そのことを上司に話した。
3）客から帰り際に近々また来ると言われたので，上司に次回の来訪予定について尋ねた。
4）テーブルの上にパンフレットが多数置いてあったので，どのように整理したらよいか上司に尋ねた。
5）出したお茶に手を付けていなかったので，次は飲み物の希望を尋ねようと思い，自分用にメモを残した。

3 難易度ランク ★　　✓CHECK! □□□

部長秘書Ａは取引先のＬ氏から電話で，「いつも世話になっているお礼として，部長を食事に招待したいが都合はどうだろうか」と言われた。上司はこのごろ体調がよくないので早めに帰宅している。このような場合，Ａはどのように言うのがよいか。次の中から**適当**と思われるものを一つ選びなさい。

1）上司に確認して返事をするが，日にちは少し先にさせてもらうことになるかもしれないと言う。
2）上司は最近体調がよくないのでまたの機会にしてもらいたい，体調が戻ったら知らせると言う。
3）食事の招待なら応じられそうなので，日にちや場所が決まっているなら教えてもらいたいと言う。
4）上司は最近忙しいので招待には応じられないと思うが，招待の電話があったことは伝えておくと言う。
5）このようなことは上司に直接話してもらった方がよいと思うので，後で上司から連絡させてもらうと言う。

4 難易度ランク ★★　　✓CHECK! □□□

秘書Ａは新人の女性秘書から，「仕事に必要なスーツを新調しようと考えている。選び方の参考になることを教えてもらいたい」と言われた。次は，そのときＡがアドバイスしたことである。中から不適当と思われるものを一つ選びなさい。

1）秘書の仕事は立つ，座るの繰り返しが多いので，しわになりにくいものを選ぶとよい。
2）来客に最初に対応するのが秘書だから，爽やかな印象を持ってもらえる明るい色もよい。
3）女性のスーツは男性よりデザインが豊富で楽しめるが，職場の雰囲気を考えて選ぶとよい。
4）細身のシルエットも流行のようだが，着やすさや動きやすさの機能性を重視して選ぶとよい。

5）上司のイメージを損なわないように，新調するなら多少無理をしてでも高級な生地のスーツを選ぶとよい。

5 難易度ランク ★★ CHECK!

秘書Aが昼食から戻った上司にお茶を持って行くと，「さっきからどうも歯が痛む」とつらそうである。この後は2時から，他部署のJ部長と打ち合わせの予定がある。このような場合，Aは上司にどのようなことを言って対応すればよいか。次の中から不適当と思われるものを一つ選びなさい。

1）２時からの打ち合わせはこのままでよいか。
2）ドラッグストアで鎮痛剤を購入してこようか。
3）スケジュールを調整して早めに帰宅してはどうか。
4）会社の近くの歯医者に，診てもらえるか聞いてみようか。
5）違う飲み物を持ってこようか。何か自分にできることはないか。

職務知識

6 難易度ランク ★★★ CHECK!

秘書Aが出社してパソコンを立ち上げると，本部長秘書からメールが入っていた。上司（部長）の明日の終業後の都合を尋ねるよう本部長に言われたという。昨日Aは休暇を取っていたので未返答のままになっている。次は，このときAが順に行ったことである。中から不適当と思われるものを一つ選びなさい。

1）本部長秘書に電話をし，昨日自分は休暇を取っていたので返事が遅くなったとわびた。
2）上司が出社したらすぐ確認するが，そのとき都合を尋ねる理由を言わなくてよいかと言った。
3）出社した上司に，出社早々すまないと言ってメールの内容について話した。
4）そのとき，スケジュール表には特に予定は入っていないと言い添えた。

5）本部長秘書に電話で上司の都合を伝えた後，本部長にはメールで返答が遅くなったことをわびた。

7 難易度ランク ★★ ✓CHECK!

次は部長秘書Aが，１週間の出張から戻った上司に対して行ったことである。中から不適当と思われるものを一つ選びなさい。

1）留守中の郵便物や社内文書は，まず急ぐものをまとめて渡し，先に目を通してもらった。

2）部員Wが上司に急ぎ相談したいことがあると言っていたので，Wを呼んでよいかと尋ねた。

3）課長が出張中の報告に来ることになっていたので，効率よく進むようにAが分かっていることは先に説明しておいた。

4）留守中に面会申し込みを受けておいたものは，上司と一緒に日程を調整した。

5）一通り報告などが済んだ後，昨日他部署に来訪したK氏が上司を訪ねて立ち寄ったことを話した。

8 難易度ランク ★★ ✓CHECK! □□□

次は，部長秘書Aが電子メールで連絡した例である。中から<u>不適当</u>と思われるものを一つ選びなさい。

1）部員全員に，取引先の新任担当者の氏名などを連絡した。
2）社内の関係者に，上司が来週末出張することを連絡した。
3）部内定例会のメンバー全員に，次回の日時とテーマを連絡した。
4）終業時間を過ぎたが打ち合わせから戻ってこない上司に，先に退社すると連絡した。
5）少し前に傘を忘れて帰った客の携帯に電話をしたが，出なかったので携帯メールに連絡した。

9 難易度ランク ★★

秘書Aの上司（部長）は近ごろ外出が多い。そのため決裁が滞りがちで，Aは課長から催促されることがある。このようなことにAはどのように対応するのがよいか。次の中から<u>不適当</u>と思われるものを一つ選びなさい。

1）上司に課長からの催促の話をして，どのようにすればよいかの指示を得る。
2）上司に，外出する用事を少し減らして決裁の処理を優先してもらいたいと頼む。
3）課長に，決裁が必要な書類は時間に余裕を持って提出してくれるよう頼んでみる。
4）上司に，決裁書類に目を通すための時間が取れるように予定を調整しようかと言う。
5）上司が外出から戻ったとき，急ぐと言われているものは理由を言って先に決裁してもらうようにする。

10

難易度ランク ★★★　✓CHECK! □□□

山田部長秘書Aは廊下で本部長と擦れ違ったとき，「M団体の懇親会へ山田部長と出席するのでよろしく」と言われた。Aはこのことについて何も聞いていない。次は，この後Aが順に行ったことである。中から不適当と思われるものを一つ選びなさい。

1）M団体に連絡をして，懇親会の日時を尋ねた。
2）本部長秘書に，本部長から言われたことを確認した。
3）懇親会の日時に他の予定が入っていないか，上司のスケジュールを確認した。
4）上司に本部長から言われたことを報告し，出席の確認をした。
5）スケジュール表に，懇親会出席のことを書き入れた。

一般知識

11

難易度ランク ★★★　✓CHECK! □□□

次は用語とその意味（訳語）の組み合わせである。中から不適当と思われるものを一つ選びなさい。

1）アウトドア　＝　屋外
2）アウトプット　＝　出力
3）アウトライン　＝　境界線
4）アウトサイダー　＝　部外者
5）アウトソーシング　＝　外部調達

12

難易度ランク ★★　✓CHECK! □□□

次は秘書Aが新聞で見た，欧文略語とその訳語の組み合わせである。中から不適当と思われるものを一つ選びなさい。

1）ＥＵ　＝　欧州連合
2）ＷＴＯ　＝　世界貿易機関
3）ＮＰＯ　＝　民間非営利団体

4）ＡＳＥＡＮ　＝　東南アジア諸国連合
5）ＴＰＰ　　　＝　アジア太平洋経済協力

13 難易度ランク ★　✓CHECK! □□□

次は用語の説明である。中から不適当と思われるものを一つ選びなさい。

1）「知的財産」とは，企業の中で特に能力の高い人材のことである。
2）「上場会社」とは，株式が証券取引所で取引されている会社のことである。
3）「市場シェア」とは，市場において製品などの販売数量が占める割合のことである。
4）「ベンチャービジネス」とは，新分野で創造的，革新的な経営を行う企業のことである。
5）「金融緩和」とは，景気回復のために金利の引き下げや資金供給量の増加を行うことである。

マナー・接遇

14 難易度ランク ★★★　✓CHECK! □□□

次は部長秘書Ａが，上司からかかってきた電話に対して言ったことである。中から不適当と思われるものを一つ選びなさい。

1）応接室から，ちょっと来てもらいたいと言われたとき
「すぐに参りますが，どのようなご用でございますか」
2）出張先から，資料を調べてもらいたいと言われたとき
「早速お調べしますが，結果はどのようにお知らせすればよろしいでしょうか」
3）自宅から，午後には出社すると連絡があったとき
「課長が30分ほどお時間を頂きたいとのことですが，２時からでよろしいでしょうか」

4）外出先から，留守中に何かなかったかと言われたとき
「ご友人のＵ様がいつものようにお立ち寄りになりました。他にはございませんでした」

5）外出先から，課長に代わってもらいたいと言われたとき
「課長は席を外されていますが，課長からそちらへご連絡するようにいたしましょうか」

15

難易度ランク ★　　✓CHECK! □□□

秘書Ａは，社内で行われた「話し方と人間関係」というテーマの勉強会に参加した。次は参加者から出た意見である。中から不適当と思われるものを一つ選びなさい。

1）相手との人間関係がよければ，自分の言葉が少し足りなくても補って聞いてもらうことができるのではないか。

2）話をすることでお互いに相手の理解が深まるのだから，差し支えのない範囲で気安く話した方がよいのではないか。

3）社会的地位や親疎の差によって，改まった調子や親しみやすい調子など話し方を使い分けた方がよいのではないか。

4）同じ内容の話でも相手によっては不快感を与えることもあるので，話題を選ぶときは配慮しないといけないのではないか。

5）相手に自分の考えを理解してもらいたいときは，相手がどう思っているかは考えずに自分の意見を率直に言う方がよいのではないか。

16

難易度ランク ★★　　✓CHECK! □□□

秘書Ａ（斉藤）の上司（山田企画部長）のところに取引先の河村氏が来訪した。早速Ａがお茶を出すために応接室に行くと，河村氏は気さくな人らしくＡに名刺を出してあいさつをしてきた。このような場合，Ａはどのように対応するのがよいか。次の中から**適当**と思われるものを一つ選びなさい。

1）「斉藤と申します。よろしくお願いいたします」とあいさつをしながら名刺を受け取る。
2）上司に「頂いてよろしいのでしょうか」と許可を得てから，名刺を受け取りあいさつする。
3）「お茶を出しに来ただけでございますので，お気遣いは不要でございます」と言って，名刺は受け取らない。
4）河村氏は上司のところに来た客なのだから，「山田ともどもよろしくお願いいたします」と言って名刺を受け取る。
5）「名刺を持ち合わせておりませんので，お帰りの際に改めてごあいさつさせていただきます」と言って名刺は受け取らない。

17

難易度ランク ★★★　✓CHECK! □□□

部長秘書Aは，上司の指示で新発売の事務機器説明会に行ってきた。次は説明会から戻ったAが，上司に対して順に行ったことである。中から不適当と思われるものを一つ選びなさい。

1）戻ってすぐに，Aが留守にしたことで何か不便はなかったかと尋ねた。
2）どういう会社の人が何人ぐらい来ていたかなど説明会の概況を，感想を交えて説明した。
3）新発売機器のパンフレットを見せて，強調されていた特長を聞いた通りに説明した。
4）会場で出会った数人の取引先の人から，部長によろしくと言われたことを全部伝えた。
5）上司からパンフレットを返されたので，担当者に渡してよいかと確認した。

18

難易度ランク ★　✓CHECK! □□□

次は秘書Aが，水引が「ちょう結び」の祝儀袋に書いた上書きである。中から不適当と思われるものを一つ選びなさい。

1）御餞別
2）結婚御祝
3）新築御祝
4）還暦御祝
5）御開業御祝

19 難易度ランク ★ ✓CHECK! □□□

秘書Aの上司は，業界団体や福祉慈善団体などの役員をしているため頼まれ事が多いが，全部は引き受けられないのでAが断ることもある。このような場合の断り方として，次の中から不適当と思われるものを一つ選びなさい。

1）相手にも都合があるだろうから，内容によっては他の人を紹介するのもよい。
2）相手は頼めるつもりでいるのだから，できるだけ遠回しの言い方で断るのがよい。
3）断ることを納得してもらえるように，引き受けられない事情を説明するのがよい。
4）断るのは相手の期待に沿えないことだから，申し訳ないという気持ちで断るのがよい。
5）断れば相手の予定も変わるだろうから，上司から指示があったらすぐに断るのがよい。

20 難易度ランク ★★★ ✓CHECK! □□□

次は山田部長秘書Aが，不意に訪れた初めての来客に言ったことである。中から言葉遣いが不適当と思われるものを一つ選びなさい。

1）「失礼ですが，お名前をお教え願えますでしょうか」
2）「申し訳ございませんが，ご予約は頂いておりましたでしょうか」
3）「別の者がご用件を承るということではいかがでしょうか」
4）「後ほどご連絡するよう山田にお伝えいたします」
5）「本日はお目に掛かれず失礼いたしました」

21

難易度ランク ★★★

✓CHECK! □□□

秘書A（田中洋子）は，先輩Nの結婚披露宴に上司や同僚と共に招待された。次は，そのときAが行ったことである。中から不適当と思われるものを一つ選びなさい。

1）せっかくの機会なので，一昨年成人式に着た振り袖で出席した。
2）テーブルにはNの友人も同席していたので，「本日はおめでとうございます」とあいさつして歓談した。
3）上司や会社の役職者も招かれていたので，そのテーブルに行き「本日はお疲れさまです」とあいさつした。
4）Nの父親がビールをつぎに来たので，お祝いの言葉を言った後，職場の後輩だと簡単に自己紹介をした。
5）同僚に明日朝一番の仕事のことで聞きたいことがあったので，帰りがけに尋ねた。

22

難易度ランク ★

✓CHECK! □□□

秘書Aの机の上に，Aの上司に宛てた他部署のP部長からの伝言メモが置いてあった。書いたのは同僚Bだが言葉の間違いがあった。このような場合，Aはこのことにどう対応するのがよいか。次の中から**適当**と思われるものを一つ選びなさい。

1）誰にも間違いはあるのだから，気付かないふりをして黙っているのがよい。
2）メモはAが直しておき，Bには言葉が間違っていた，と教えてあげるのがよい。
3）P部長に，上司宛てのメモを受け取ったがBが言葉を間違えて書いている，と伝えておくのがよい。
4）先輩に，Bが言葉を間違えて使っているのでそれとなく注意しておいてもらいたい，と頼むのがよい。
5）メモを渡すとき上司に，書いてある言葉が間違っているようだが気にしないでもらいたい，と言うのがよい。

23

難易度ランク ★

✓CHECK! □□□

営業部長秘書Aは，上司から歳暮の品を選ぶように指示された。次は，それについてAが先輩からアドバイスされたことである。中から<u>不適当</u>と思われるものを一つ選びなさい。

1）菓子などで以前贈って喜ばれた物があったら，同じ物を贈るのもよい。

2）相手が個人で好みが分からない場合には，一般的な物にするのがよい。

3）受け取ったときの印象も大事なので，同じ予算なら箱の大きさで選ぶのもよい。

4）会社の部署宛てに送るときは，小分けにされている物や分けて持ち帰れる物がよい。

5）相手の自宅に送るときは，家族構成などによっては家族が喜びそうな物を選ぶのもよい。

技能

24 難易度ランク ★ CHECK!

部長秘書Aの上司は，最近席に座っていられないほど忙しくしているので，Aは上司の体調が心配である。次は，このような上司のスケジュールに関してAが考えたことである。中から不適当と思われるものを一つ選びなさい。

1）長引きそうな会議や面談の後の予定は，少し余裕を持たせて入れるようにしよう。
2）内容や用件が急ぐものか代理で済むものかの確認を，今まで以上に小まめにするようにしよう。
3）予定にキャンセルがあったときは部員に上司の空き時間を知らせるが，取り次ぐのは1件だけにしよう。
4）上司に，最近のスケジュールはハードだが，今後もこのような予定の立て方で問題はないか聞いてみよう。
5）取引先を接待する日にちなどは，休日の前日か，翌朝一番に会議や面談の予定が入っていない日を候補に挙げよう。

25 難易度ランク ★★★ CHECK!

部長秘書Aは先輩から，「来客の名刺を上司から預かったら，後で役立つと思うことを名刺にメモしてから整理するとよい」と教えられた。次はそのとき先輩が，メモすることとして挙げた例である。中から不適当と思われるものを一つ選びなさい。

1）来社日と用件。
2）面談に要した時間。
3）同席者がいればそのこと。
4）紹介者がいればそのこと。
5）話し方の癖や身体的な特徴があればそのこと。

26

難易度ランク ★★

✓CHECK! □□□

次は，営業部長秘書A（杉田）が下の文書に書いたことである。中から不適当と思われるものを一つ選びなさい。

1）①に，「発信日付」を書いた。
2）②に，「部員各位殿」と書いた。
3）③に，「営業部長」と書いた。
4）④に，「以上」と書いた。
5）⑤に，「担当　杉田」と書いた。

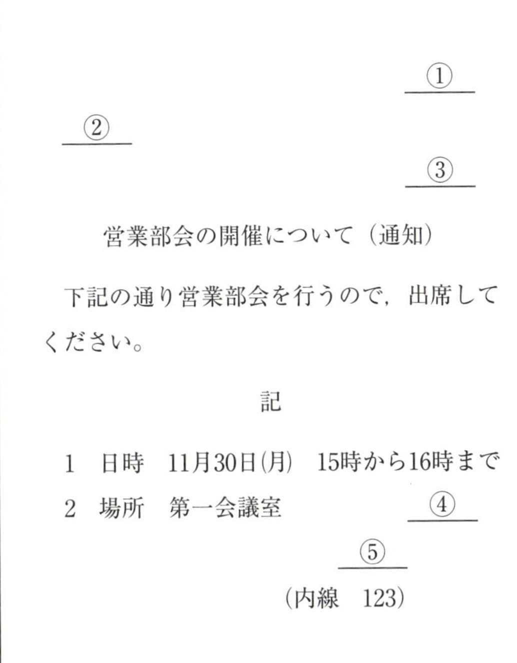

①

②

③

営業部会の開催について（通知）

下記の通り営業部会を行うので，出席してください。

記

1　日時　11月30日(月)　15時から16時まで
2　場所　第一会議室
④
⑤
（内線　123）

27

難易度ランク ★★★

CHECK! □□□

次は秘書Aの，ファクスの送信の仕方である。中から<u>不適当</u>と思われるものを一つ選びなさい。

1）送信した後は，必ず通信確認をファクス機でしている。
2）秘文書は確実に受け取ってもらえるよう，電話をしてから送信している。
3）送信状には送信する文書の枚数を，「本状を含む」として書き入れている。
4）よく送信する相手は，番号間違いをしないようファクス機に番号を登録している。
5）出張でホテルに滞在している上司宛てに資料を送るときは，送信状に上司に渡してもらいたい旨を書いている。

28

難易度ランク ★★★

CHECK! □□□

秘書Aは，上司の出張中に上司の部屋の整備をすることにした。次はそのために，出張前の上司に尋ねたり頼んだりしたことである。中から<u>不適当</u>と思われるものを一つ選びなさい。

1）書棚を整理したいので，廃棄してよい雑誌をまとめておいてもらえないか。
2）壁に掛けてある絵画を，昨年と同じように季節に合わせた絵に替えてもよいか。
3）上司の机を少しずらせばじゅうたんのほつれが隠れるので，動かしてもよいか。
4）上司のロッカー内に不要な物があれば，分かるようにしておいてもらえないか。
5）雰囲気を変えるため，観葉植物の種類を替えようと思うがどうか。希望はあるか。

29

難易度ランク ★★ ✓CHECK! □□□

秘書Aが所属する総務課では社交文書を送ることが多い。次はAが先輩から聞いた，今までに送った社交文書の書き方や送り方の例である。中から不適当と思われるものを一つ選びなさい。

1）開業の祝い状だったので，発信日付は「令和２年11月吉日」にした。
2）関係者の家族逝去の悔やみ状だったので，深く弔意を表すために，前文を丁寧に書いた。
3）本社移転のあいさつ状は地図を載せたので，スペースの関係で，はがきではなく封書で送った。
4）創立記念式典の案内状だったので，普通の事務用紙ではなく，角が丸いカード用紙に縦書きにした。
5）社長交代のあいさつ状だったので，頭語は「拝啓」ではなく「謹啓」とし，結語は「敬白」にした。

30

難易度ランク ★★ ✓CHECK! □□□

次は秘書Aが，上司宛ての郵便物に関して行ったことである。中から不適当と思われるものを一つ選びなさい。

1）差出人が個人名で手書きのものは，開封しないでそのまま上司に渡した。
2）処分してよいと言われたことのある飲食店からのＤＭは，特に断らずに処分した。
3）取引先からで「請求書在中」と表示のあるものは，上司に見せてから担当者に渡した。
4）上司から届くと聞いていた現金書留は，内容は分かっていたが開封せずにそのまま渡した。
5）「重要」と表示のあるものは，受信簿には記録しなかったが開封せずにそのまま上司に渡した。

31

難易度ランク ★　　✓CHECK! □□□

次は秘書Aが，事務用品をインターネットで注文するときの注意として，後輩に教えたことである。中から不適当と思われるものを一つ選びなさい。

1）代金の支払い方法を確認すること。
2）注文は，注文先の会社が忙しい朝の時間帯を避けること。
3）類似品がある物は，間違えないように気を付けて注文すること。
4）まとめて注文すると値引きされることもあるので，確認すること。
5）注文後は，発送日などのメールが届いていないか気にしていること。

記述問題

マナー・接遇

32

難易度ランク ★　　✓CHECK! □□□

秘書Aの上司（山田部長）のところに，予約のない客が訪ねてきた。次はこのときの応対の一部である。下線部分に入る適切な言葉を，（　　）内の指示に従って答えなさい。

客：「山田部長さんはいらっしゃいますか」
A：「____①____部長の山田は____②____外出しております。いかがいたしましょうか」
（残念なことに山田部長は一日中外出していると言うときの言葉）

客：「実は，書類をもらいに来たのですがお分かりですか」
A：「分かる________③________。少々お待ちいただけますか」
（分かる人がいるか確認してくると言うときの言葉）

33

難易度ランク ★★★

✓CHECK! 

秘書AはD商事（株）に勤務している。取引先のF氏が亡くなり，Aは上司（山田仁広報部長）から「広報部長名で香典を用意するように」と言われた。このような場合について，次のそれぞれに答えなさい。

1）不祝儀袋の贈り主名はどのように書くか。
点線枠内に答えなさい。

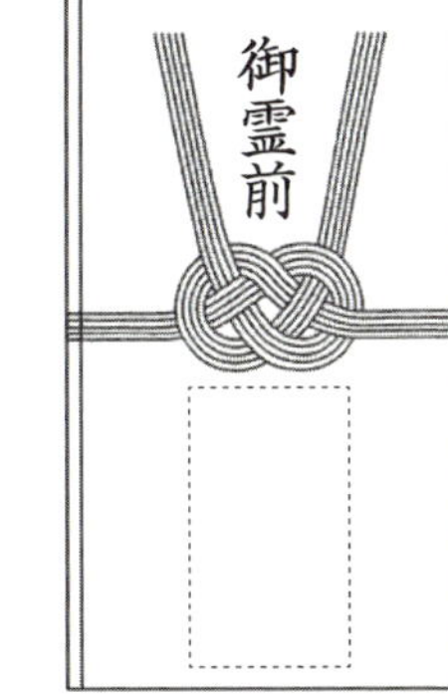

2）不祝儀袋の裏側の畳み方は，A，Bのどちらか。（　　）内に答えなさい。

A
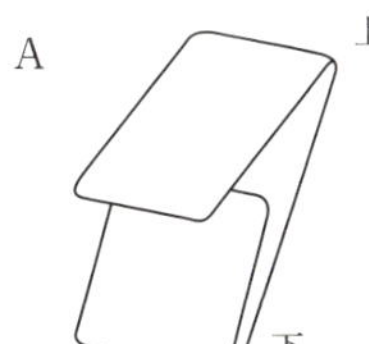

B
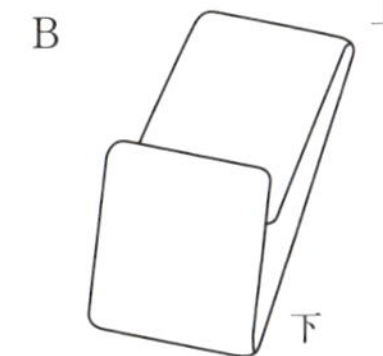

（　　　　）

技能

34

難易度ランク ★★

✓CHECK!

次は，社交文書などに用いる時候のあいさつの言葉である。下線部分の読み方と，一般的に用いる月を（　　）内に答えなさい。

1）<u>歳晩</u>の候
2）<u>初春</u>の候
3）<u>盛夏</u>の候

1）＿＿＿＿＿＿＿＿（　　　　）

2）＿＿＿＿＿＿＿＿（　　　　）

3）＿＿＿＿＿＿＿＿（　　　　）

35

難易度ランク ★★

✓CHECK! □□□

総務部長秘書Aは先輩と一緒に，会合などの会場設営をすることがある。次のような社員対象の会合のときの，適切と思われる机の配置を下の①～③に従って書きなさい（定規を使わないで書いてよい）。

1）各部署の代表16名が，集まって情報交換をする（８本）。

2）社員12名が，講師１名を招いて懇談する（７本）。

3）出張者１名（報告者）が，関係者12名に映像で報告する。映像が見やすいように配置すること（６本）。

① 机は二人掛けとする（椅子は書かなくてよい）。

② 机の大きさは大体でよい。

③（　　）内の数字は使用する机の数。

（第122回　終わり）

秘書検定 2 級

第 120 回

問題

試験時間 120 分

必要とされる資質

1 難易度ランク ★★ ✓CHECK! □□□

秘書Aは,「秘書には知的能力も必要だが,健康で体力があることも必要」と本で学んだ。それは具体的にどのようなことか,同僚と次のように話し合ってみた。中から不適当と思われるものを一つ選びなさい。

1）健康で体力があれば,休んでいる上司や同僚などの仕事のカバーができるからではないか。
2）秘書は何事にも機敏な行動が求められるが,それができるのは健康で体力があるからではないか。
3）秘書には体を動かす仕事や根気の要る仕事もあるが,健康で体力がないとそれができにくいからではないか。
4）秘書は何事にも気を配らないといけないが,健康で体力がないと集中力に欠けて気配りができなくなるからではないか。
5）上司から安心して仕事を頼んでもらえるようにしないといけないが,健康で体力がないとそれが難しいからではないか。

2 難易度ランク ★★★ ✓CHECK! □□□

秘書Aの上司（部長）の栄転が社内で発表され,取引先にも伝わり始めている。次の「　　」内は,そのことに関してAが上司に言ったことである。中から不適当と思われるものを一つ選びなさい。

1）取引先が栄転先での役職名を知りたいと言ってきたので,「お知らせしてよろしいですか」
2）課長が送別会を行いたいと言ってきたので,「ご都合のよろしいお日にちをお聞かせくださいませんか」
3）取引先から餞別が届くかもしれないので,「お返しがすぐにできるよう事前にご用意いたしましょうか」
4）上司が後任者と打ち合わせをしたいと言ったので,「いつごろをご希望でしょうか。日程を調整いたします」
5）取引先のF氏から栄転前に一度会食がしたいという電話があったので,「どのようにご返事いたしましょうか」

3 難易度ランク ★★ ✓CHECK! □□□

秘書Aの上司（部長）の留守中に，課長が稟議書を持って来た。買い替え希望の備品について部長に説明するつもりで来たらしく，留守と知って残念だと言いながら「君はどう思う」とAに意見を求めてきた。Aはまだ買い替えなくてもよいと思っている。このような場合のAの対応として，次の中から**適当**と思われるものを一つ選びなさい。

1）備品の買い替えなのだから，課長の判断で済むことではないかと言う。
2）私には関係のないことなので，意見を聞かれても言える立場ではないと言う。
3）課のことなのだから，私に意見を聞くより課員に聞いた方がよいのではないかと言う。
4）備品についてなら，稟議書を書く前に聞いてもらえれば私なりに意見を言ったと言う。
5）その備品のことは知っているが，買い替えの必要性については何とも言えないと言う。

4

難易度ランク ★　　✓CHECK!

秘書Aの下に新人Bが配属された。Bに仕事を教えるときなど，Aは先輩としてどのように対応すればよいか。次の中から不適当と思われるものを一つ選びなさい。

1）Bがミスをしたときには，失敗を繰り返さないように原因を考えさせる。
2）上司の身の回りの世話などは，上司によって好みが違うので注意点を細かく教える。
3）困ったときにはすぐ相談するようにと言って，Bが安心して仕事ができるようにする。
4）Bが直接上司から指示された仕事はAに報告させ，Aが細かく指示するようにする。
5）仕事を教えるときには，注意すべきポイントが分かるようにAの失敗例などを交えて話す。

5

難易度ランク ★★　　✓CHECK!

秘書Aは出社した上司から，「修理に出していた腕時計ができたと連絡があったので，駅前のMデパートへ取りに行ってもらいたい」と頼まれた。Mデパートまでは数分だが，Aには午前中に仕上げなければならない仕事があり，すぐには取りに行けない。このような場合，Aはどのように対応したらよいか。次の中から不適当と思われるものを一つ選びなさい。

1）お昼に出たときでよければ取ってこられそうだがそれでよいかと尋ねる。
2）今は手が離せないが何時ごろまでに必要かと尋ね，それまでに間に合わせる。
3）すぐには行けないが午後なら取りに行くことはできるのでそれでよいかと尋ねる。
4）上司には承知したと言って引き受け，同僚に事情を話して代わりに行ってもらう。
5）午前中に仕上げなければならない仕事があるので，他の人に頼んでもらえないかと言う。

職務知識

6
難易度ランク ★

✓CHECK! □□□

次は秘書Aが，最近確認したことである。中から<u>不適当</u>と思われるものを一つ選びなさい。

1）上司の出社が遅れていて連絡もつかないとき，上司の自宅に電話して何時ごろ家を出たかを確認した。
2）取引先から上司に贈り物をしたいので自宅の住所を聞きたいと言われたとき，教えてよいかを上司に確認した。
3）上司から，取引先のＳ部長は今年定年だと思うが確認してもらいたいと言われたとき，Ｓ部長秘書に電話で確認した。
4）上司から，Ｙ社への訪問はＨ社訪問の後直接向かうと言われたとき，Ｈ社に電話してＹ社までのアクセスを確認した。
5）他部署に来たついでに立ち寄ったと言う取引先のＮ部長から上司はいるかと聞かれたとき，会うかどうかを上司に確認した。

7
難易度ランク ★

✓CHECK! □□□

秘書Ａが回覧の資料を上司に渡すと，「担当者が勘違いしている。自分には関係がない資料だ」と言う。このような場合，Ａはどのように対処するのがよいか。次の中から<u>不適当</u>と思われるものを一つ選びなさい。

1）上司が見たことにして回しておき，後で担当者に伝える。
2）上司印の欄に斜線を引いて回し，担当者にはそのことを連絡しておく。
3）回覧に，「上司が自分には関係がない資料だと言っていた」と書いて回しておく。
4）担当者に内線電話で，「上司には関係がないようだがどうしたらよいか」と尋ねる。
5）回覧を担当者のところに持って行き，上司印の欄を消して回してもらうようにする。

8

難易度ランク ★★

✓CHECK! □□□

秘書Aの上司（常務）は出張中で，出社は三日後の予定である。そこへ上司が理事をしている業界団体から，理事長（田中氏）が入院したという連絡が入った。田中氏と上司は古くからの友人である。次はこのときAが順に行ったことである。中から不適当と思われるものを一つ選びなさい。

1）業界団体の事務局に，田中氏の容体や入院先などが分かったら教えてもらいたいと頼んだ。
2）業界団体の事務局に，上司は出張していることを伝え，理事一同としての見舞いの予定などを確認した。
3）出張先の上司に電話で，田中氏の入院のことを伝え，詳しいことは分かり次第改めて連絡すると言った。
4）総務部長に田中氏の入院のことを伝え，会社としての対応はどのようになるかを尋ねた。
5）上司の出社は三日後の予定なので，取りあえず，上司の個人名で見舞いの品を入院先に届けてもらうよう手配した。

9

難易度ランク ★★★

✓CHECK! □□□

秘書Aの上司（営業部長）から，「急な都合で今日は休む。夕方電話する」という連絡が入った。次はAが，夕方の電話で伝えたことである。中から不適当と思われるものを一つ選びなさい。

1）「慈善事業に寄付をお願いしたい」と言ってきた上司の友人の来訪。
2）「明朝一番で臨時の部長会議を行いたい」という総務部長からの連絡。
3）「明日は休暇の許可をもらっていたが，必要なら出社しようか」というAの申し出。
4）「明日の取引先会長の葬儀に，代理で参列してもらえないか」という本部長からの依頼。
5）「明後日の面談の予定を明日に変更してもらえないか」という得意先からの問い合わせ。

10

難易度ランク ★★

✓CHECK! □□□

秘書Aの上司の友人U氏は上司をたびたび訪ねてくる。U氏は時間のある人らしく，なかなか腰を上げないことが多いため，上司の次の予定に差し支えることがある。このようなことに，Aはどのように対処したらよいか。次の中から**適当**と思われるものを一つ選びなさい。

1）U氏が訪ねてきたとき，取り次ぐ前に今日は何時ごろ帰る予定かを尋ねておく。

2）U氏が訪ねてきたとき，上司は忙しいのであまり長居はしないようにと頼んでおく。

3）帰ってもらわないと困る時間になったら，それを分かってもらうようにお茶を下げに行く。

4）U氏が訪ねてきたとき，U氏に上司の次の予定を話して時間になったら知らせると言っておく。

5）上司にもU氏にも何も言わないでおいて，必要な時間になったら次の予定を書いたメモを上司に渡す。

一般知識

11

難易度ランク ★

✓CHECK! □□□

次は言葉と意味との組み合わせである。中から不適当と思われるものを一つ選びなさい。

1）クオリティーが高い　＝　質が高い

2）コストが高い　＝　原価が高い

3）スキルが高い　＝　格式が高い

4）プライドが高い　＝　自尊心が高い

5）ポテンシャルが高い　＝　潜在能力が高い

12

難易度ランク ★★★

✓CHECK! □□□

マーケティング部に配属された秘書Aは，マーケティングに関する用語を勉強しようと考えた。次はAが，その意味を調べようとした用語である。中からマーケティングとは直接関係ないと思われるものを一つ選びなさい。

1）リサーチ
2）トップダウン
3）ダイレクトメール
4）マーチャンダイジング
5）セールスプロモーション

13

難易度ランク ★★

✓CHECK! □□□

次は用語とその説明の組み合わせである。中から不適当と思われるものを一つ選びなさい。

1）「外食産業」とは，レストランなどの産業のことである。
2）「流通産業」とは，卸売り，運輸などの産業のことである。
3）「基幹産業」とは，土地，建物関係などの産業のことである。
4）「情報産業」とは，通信，報道関係などの産業のことである。
5）「地場産業」とは，その土地に根差した伝統的な産業のことである。

マナー・接遇

14

難易度ランク ★★★

✓CHECK! □□□

次は秘書Aの，上司（部長）に対する言葉遣いである。中から不適当と思われるものを一つ選びなさい。

1）「総務からメールが届いていらっしゃるはずですが，ご覧になりましたか」
2）「お約束のW様がお越しになりましたので，応接室にお通しいたしました」

3）「見積書につきましては，P社のどなたにご連絡すればよろしいでしょうか」
4）「確認いたしましたところ，本部長は本日お戻りにならないとのことでございます」
5）「G社R様よりご面談のお申し込みがございましたが，どのようにいたしましょうか」

15 難易度ランク ★★★ ✓CHECK! □□□

次は秘書Aが，受付業務を担当するときに行っていることである。中から<u>不適当</u>と思われるものを一つ選びなさい。

1）不意の客が名前しか言わないときは，会社名や用件が分からないと取り次げないと言っている。
2）予約客であっても初めての客のときは，取り次ぐ前にできれば名刺をもらえないかと言っている。
3）受付の方に歩いてくる客の姿が見えたら，顔見知りであってもそうでなくてもすぐに立ち上がっている。
4）以前来た客で名前が分かっているときは，こちらから先に「○○様でいらっしゃいますね」と言っている。
5）顔見知りの客であっても予約がないときは，すぐには取り次がず名指しの相手に連絡して会うか尋ねている。

16 難易度ランク ★ ✓CHECK! □□□

秘書Aは上司から，取引先の社長が亡くなったので葬儀について調べておくようにと指示された。次はAが調べたことである。中から<u>不適当</u>と思われるものを一つ選びなさい。

1）葬儀の形式。
2）会葬者の予想人数。
3）喪主の氏名・続柄。
4）葬儀の日時・場所。
5）供花などの手配先。

17

難易度ランク ★★★　✓CHECK! □□□

秘書Aは上司から，上司と面談中の客が近くのカフェに本を忘れてきたので取りに行ってもらいたいと頼まれた。面談終了後，Aが客に本を渡すと，「手間を掛けて申し訳なかった」と言われたが，このような場合Aはどのように応じるのがよいか。次の中から不適当と思われるものを一つ選びなさい。

1）「いいえ，大したことではありませんから」
2）「いいえ，どうぞお気になさらないでくださいませ」
3）「いいえ，秘書として当たり前のことをしただけです」
4）「いいえ，すぐ近くですから何でもないことでございます」
5）「いいえ，何かございましたらいつでもおっしゃってください」

18

難易度ランク ★★　✓CHECK! □□□

次は秘書Aが，話の聞き方について後輩に話したことである。中から不適当と思われるものを一つ選びなさい。

1）相手の話を正確に理解するためにも，最後まで話を聞かないといけない。
2）話は相手の表情やしぐさ，声の調子などからも察しながら聞くものである。
3）自分に対する苦言のようなことでも，明るい表情で聞くよう心掛けるのがよい。
4）態度が悪いと相手に真意を話してもらえないことがあるので，気を付けないといけない。
5）相手の声が小さくて聞き取れないときは，話をしている途中でもそのことをすぐに伝えた方がよい。

19

難易度ランク ★★　✓CHECK! □□□

次は秘書Aが，ホテルで行われた先輩の結婚披露宴に出席したときに行ったことである。中から不適当と思われるものを一つ選びなさい。

1）お祝いの現金は水引が結び切りの祝儀袋に入れて持って行き，受付で渡した。

2）席次表で案内された席に行き，コートはきちんと畳んで椅子の背もたれに掛けた。
3）Ａのテーブルには見知らぬ人もいたので，始まるまでの時間にお互い簡単な自己紹介をした。
4）テーブルの上のナプキンは，乾杯の後二つ折りにして膝の上に置いた。
5）中座するとき，ナプキンを軽く畳んで椅子の上に置いた。

20

難易度ランク ★★★★ ✓CHECK! □□□

次は秘書Ａが電話応対で日ごろ行っていることである。中から不適当と思われるものを一つ選びなさい。

1）伝言を頼むときは，先に相手の名前を尋ねてから内容を言うようにしている。
2）相手からの電話が通話の途中で切れたときは，かかってくるのを待つようにしている。
3）わびるときは気持ちを伝えるため，相手から見えなくてもお辞儀をしながら話すようにしている。
4）受けた電話の用件が他部署のことと分かったら，話の途中でも相手に断ってすぐに回すようにしている。
5）上司あての電話に上司がすぐに出られないときは，相手にこちらからかけ直すがよいかと尋ねるようにしている。

21

難易度ランク ★★ ✓CHECK! □□□

秘書Ａは新人Ｔから，贈答品は贈る時期によって上書きが変わると聞いたが具体的に教えてもらいたいと言われた。そこでＡは一般的なこととして次のように教えた。中から不適当と思われるものを一つ選びなさい。

1）７月初めから15日までは「御中元」だが，一月遅れの地域もある。
2）７月中旬から立秋（８月８日ごろ）までは「暑中御見舞」になる。
3）立秋（８月８日ごろ）から８月下旬までは「残暑御見舞」になる。
4）12月初旬から下旬までは「御歳暮」になる。
5）２月中旬から３月中旬までは「寒中御見舞」になる。

22 難易度ランク ★★　✓CHECK! □□□

秘書Aは上司から，「新人Bは性格が明るいのはよいが，仕事の仕方に丁寧さが足りないので注意しておくように」と言われた。次はこのことについてAがBに順に話したことである。中から<u>不適当</u>と思われるものを一つ選びなさい。

1）上司はBの性格が明るいことを褒めていた。
2）だが，仕事の仕方には丁寧さが足りないので注意しておくように言われた。
3）秘書は上司に合わせた仕事の仕方をしないといけない。
4）自分は気にならないが，上司が気にしているので仕事の丁寧さを意識するように。
5）Bは丁寧にしているつもりでも実際には不十分なのだから，自覚してより丁寧にすること。

23

難易度ランク ★★★★

✓CHECK! □□□

秘書Aの上司（山田部長）は急用で外出することになり，予定されていたD氏との面談ができなくなった。Aは上司から，D氏にわびて延期を頼み来週の都合のよい日時を聞いておくように指示された。次はAがD氏に電話し，名乗ってから順に言ったことである。中から言葉遣いが不適当と思われるものを一つ選びなさい。

1）「急なことで大変申し訳ございませんが，本日のお約束を延期させていただきたいと存じましてお電話をいたしました」

2）「実は山田が本日やむを得ず外出することになりまして，お目に掛かることができなくなりました」

3）「山田から，大変申し訳ない，くれぐれもよろしくお伝えするようにと言付かっております」

4）「こちらの都合で申し訳ございませんが，来週のご都合のよろしい日時をお聞かせいただけませんか」

5）「何か山田にお伝えしたいことがございましたら伺いますが，いかがでしょうか」

技 能

24

難易度ランク ★★

✓CHECK! □□□

次は秘文書の扱い方について述べたものである。中から不適当と思われるものを一つ選びなさい。

1）秘文書を配布するときに相手が不在なら，いったん持ち帰り出直すこと。

2）秘文書を必要があって貸し出すときは，貸出簿にサインをもらってから貸し出すこと。

3）秘文書を持ち歩くときは封筒に入れるが，その封筒の表にも朱色で「秘」と明記すること。

4）秘文書を郵送するときは封筒を二重にし，本人以外が開封しないように「親展」の印を押すこと。

5）秘文書を取り扱い中に上司に呼ばれて席を立つときは，文書を伏せるか引き出しの中にしまうこと。

25

難易度ランク ★★★★　✓CHECK! □□□

次は会議に関する用語の説明である。中から不適当と思われるものを一つ選びなさい。

1）「採択」とは，議案や意見などを正式に採り上げることである。
2）「議決権」とは，可否同数のとき，議長が行使する決定権のことである。
3）「定足数」とは，会議成立のために必要な最小限の出席人数のことである。
4）「オブザーバー」とは，会議に出席はするが決議には加わらない人のことである。
5）「答申」とは，上位の役職や機関から問われたことに対して意見を述べることである。

26

難易度ランク ★★★★　✓CHECK! □□□

次の「　　」内は，それぞれ秘書Aの上司（山田部長）宛てに届いた文書の前文である。中からあいさつの言葉が不適当と思われるものを一つ選びなさい。

1）取引先からの礼状に
「拝啓　時下の候，ますますご清祥のこととお喜び申し上げます」
2）上司の大学の同窓生からの手紙に
「拝啓　余寒の候，ますますご健勝のこととお喜び申し上げます」
3）上司の知人からの手紙に
「拝啓　寒さ厳しゅうございますが，その後ご壮健にお過ごしでしょうか」
4）取引先からの事務所移転の通知状に
「拝啓　向春のみぎり，貴社ますますご隆盛のこととお喜び申し上げます」
5）上司が利用している通信販売会社からのＤＭに
「拝啓　晩冬の候，山田様におかれましてはますますご清祥のこととお喜び申し上げます」

27

難易度ランク ★★

✓CHECK! □□□

次は秘書Aが，ファイルを添付して電子メールで送るときに心掛けていることである。中から<u>不適当</u>と思われるものを一つ選びなさい。

1）ファイルを添付してあることを，本文に書くようにしている。
2）すぐに見てもらいたいときは，送信後に電話をしてそのことを伝えている。
3）添付したファイルが開けないときは知らせてもらいたい，と本文に書くようにしている。
4）第三者に見られないようにしたいファイルは，パスワードを設定して送るようにしている。
5）受け取った相手が整理しやすいように，一つのメールに添付するのは一つのファイルだけにしている。

28

難易度ランク ★★★

✓CHECK! □□□

次は秘書Aが，横書きの文書などに書いた日付の書き方である。中から<u>不適当</u>と思われるものを一つ選びなさい。

1）年賀状に「令和２年元旦」
2）賀寿の祝い状に「令和２年２月吉日」
3）部内新人歓迎会の案内状に「Ｒ２.４.７」
4）社内会議の通知状に「令和２年２月14日」
5）暑中見舞いのはがきに「令和２年７月盛夏」

29

難易度ランク ★★

✓CHECK! □□□

総務部の兼務秘書Aは，会社に関わりのある新聞記事をコピーして関係のある部署に配っている。次は，コピーするときにAが心掛けていることである。中から<u>不適当</u>と思われるものを一つ選びなさい。

1）該当する記事を太線で囲み分かりやすいようにしている。
2）新聞名，年月日，朝夕刊の別などを分かるように記入している。
3）コピーする用紙は，ファイルするとき便利なように大きさを統一している。

4）同じ内容の記事が数紙に載っているときは，一番大きく取り上げている１紙をコピーしている。

5）コピーする用紙からはみ出しそうな大きさの記事のときは，縮小コピーをして１枚に収めている。

30

難易度ランク ★★★ ✓CHECK! □□□

次は，新聞や雑誌の発行に関する用語とその説明の組み合わせである。中から<u>不適当</u>と思われるものを一つ選びなさい。

1）増刊 ＝ 臨時に発行すること。
2）季刊 ＝ １年に４回発行すること。
3）旬刊 ＝ １年に３回発行すること。
4）隔月刊 ＝ ２カ月に１回発行すること。
5）創刊 ＝ 定期刊行物を新たに発行すること。

31

難易度ランク ★ ✓CHECK! □□□

次は，コンピューターに関する用語の説明である。中から<u>不適当</u>と思われるものを一つ選びなさい。

1）「プレビュー」とは，実際に印刷を行う前に，印刷結果のイメージを画面上に表示すること。

2）「アイコン」とは，文字コード表にない，ユーザーまたはメーカーが独自に作成した文字のこと。

3）「拡張子」とは，ファイルの種類を識別するためにファイル名の末尾に付けられる文字列のこと。

4）「最適化」とは，ハードディスク内の断片化されたファイルを整理して処理能力を改善すること。

5）「ナムロックキー」とは，キーボードの一部を数字キーとして利用するために切り替えるキーのこと。

記述問題

マナー・接遇

32 難易度ランク ★ ✓CHECK! □□□

次は秘書Aが来客に言った言葉である。下線部分を丁寧な言葉に直して答えなさい。

1）「山田からは何も 聞いていない 」

2）「申し訳ございませんが，帰ってもらえないか」※『お帰り』以外

3）「うちの誰を お訪ねでいらっしゃいますか」

1）＿＿＿＿＿＿＿＿＿＿＿＿＿＿＿＿＿＿＿＿＿＿＿＿

2）＿＿＿＿＿＿＿＿＿＿＿＿＿＿＿＿＿＿＿＿＿＿＿＿

3）＿＿＿＿＿＿＿＿＿＿＿＿＿＿＿＿＿＿＿＿＿＿＿＿

33 難易度ランク ★★ ✓CHECK! □□□

兼務秘書Aは上司（部長）と課長に同行して取引先の工場に出掛けた。帰りに工場長が，自分が運転する車で駅まで送ってくれるという。このような場合，部長，課長，Aは下の図の１，２，３のどの席に座るのが適切か。（　）内に数字で答えなさい。

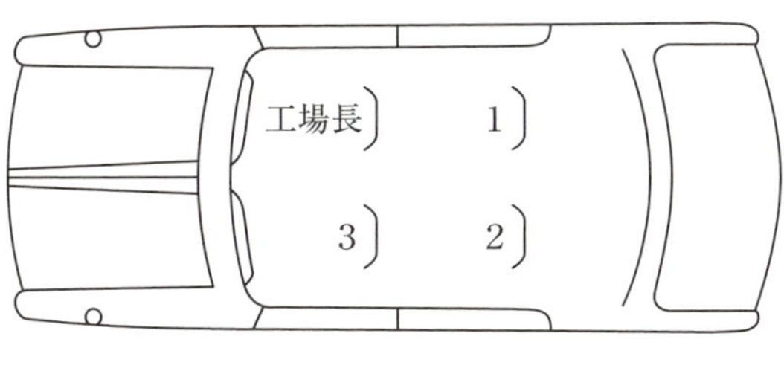

部長（　　）　　課長（　　）　　A（　　）

技　能

34　難易度ランク ★★　✓CHECK! □□□

次は，社外文書の一部である。下線部分を適切な言葉に直して答えなさい。

ご多忙中，誠に すみません(a) が，万障お繰り合わせの上 出席してくれる(b) よう，お願い申し上げます。

なお，手数を掛ける(c) が，ご出欠を 一緒に入れた(d) はがきで2月28日までにお知らせください。

a ＿＿＿＿＿＿＿＿＿＿＿＿＿＿＿＿

b ＿＿＿＿＿＿＿＿＿＿＿＿＿＿＿＿

c ＿＿＿＿＿＿＿＿＿＿＿＿＿＿＿＿

d ＿＿＿＿＿＿＿＿＿＿＿＿＿＿＿＿

35　難易度ランク ★★　✓CHECK! □□□

次の下線部分に，適切な数え方を漢字１文字で書き入れなさい。

1）部長宛てに手紙が，４＿＿＿届いている。

2）明日の部長会議の議案は，全部で３＿＿＿である。

3）Ａの会社では新聞３紙を，２＿＿＿ずつ取っている。

4）部長がするＮＰＯ法人への寄付は，１（ひと）＿＿＿５万円だそうだ。

1）＿＿＿＿　2）＿＿＿＿　3）＿＿＿＿　4）＿＿＿＿

（第120回　終わり）

秘書検定２級

第119回

問題

試験時間 120分

必要とされる資質

1 難易度ランク ★★★ ✓CHECK! □□□

次は秘書Aが，相手を気遣って言ったことである。中から**適当**と思われるものを一つ選びなさい。

1）同期の集まりで，先輩Bは細かくてうるさいということが話題になっていたので，Bに「注意した方がいい」と言った。
2）退社するとき，後輩Cの机の上に取引先に送る速達郵便物が置いてあったので,「先に帰るが，ポストに投函しておこうか」と言った。
3）後輩Dが，来客にコーヒーを入れようとしていたので，「今日は忙しいのだから，手間の掛からない緑茶にしたらどうか」と言った。
4）同僚Eが，体の調子が悪いと言いながら出勤してきたので，「仕事も大事だが，体の方が大事なのだから，すぐに早退したらどうか」と言った。
5）給湯室で来客用の茶わんを洗っているところへ，自分の茶わんを持って課長が来たので,「たくさんあるのでまだかかる」と言って待ってもらった。

2 難易度ランク ★★★ ✓CHECK! □□□

秘書Aは常務室から戻った上司（部長）に，「考えなければならないことができた。しばらく私は席にいないことにしておいてもらいたい」と言われた。次はこの場合にAが行ったことである。中から<u>不適当</u>と思われるものを一つ選びなさい。

1）上司につないでもらいたいと内線電話をかけてきた常務に，つなぐ前に，用件は先ほどの続きかと尋ねた。
2）上司の家族からの電話に，すぐには取り次がず，上司の都合を聞いてみるので待ってもらいたいと言った。
3）上司宛ての紹介状を持って不意に訪れた客に，上司の在否は言わずに待ってもらい，上司の指示を仰いだ。

4）上司に見てもらいたいと資料を持ってきた他部署の部長に，自分から上司に渡しておくと言って，預かった。
5）不意に来た取引先の部長に，上司は仕事が立て込んでいて会えない，課長が代わりに会うのではどうかと尋ねた。

3

難易度ランク ★

✓CHECK! □□□

販売部の兼務秘書Aの下に新人Fが配属され，兼務秘書の仕事を引き継ぐことになった。Fは態度・振る舞いや言葉遣いに無頓着で，学生気分が抜けていない様子である。次は，このようなFにAが言ったことである。中から不適当と思われるものを一つ選びなさい。

1）今のままの態度・振る舞いや言葉遣いでは印象が悪く，F自身が損をすることになる。
2）先輩たちが上司や来客にどのように接しているかをしっかりと見て，見習ってもらいたい。
3）兼務とはいえ秘書を担当する者は，他の部員とは一線を画し，特別視されるくらいでないといけない。
4）秘書の態度・振る舞いや言葉遣いは，上司のイメージに影響することもあるので，改めないといけない。
5）社会人としての自覚が足りないように思う。気付いたことはアドバイスするので，疑問に思うことは遠慮なく聞いてもらいたい。

4

難易度ランク ★

✓CHECK! □□□

秘書Aの上司（営業部長）が会議中，上司の友人のP氏が不意に訪れた。上司は会議中でまだしばらくかかると伝えると，待たせてもらうが個人的なことで突然来たので時間がかかっても構わないと言う。このような場合，Aはどのように対処するのがよいか。次の中から**適当**と思われるものを一つ選びなさい。

1）待つと言うのだから応接室へ案内し，上司が戻るまでAが話し相手になる。
2）待つと言うのだから応接室へ案内し，課長に上司が戻るまで相手をしてもらう。
3）待つと言うのだから応接室へ案内し，会議中の上司にメモで事情を伝えて指示を仰ぐ。
4）待つと言っても会議はまだしばらくかかるので，終了予定時間をＰ氏に伝えて出直してもらう。
5）会議はまだしばらくかかるので，用件を教えてもらえたら上司に知らせるがどうかとＰ氏に尋ねる。

5

難易度ランク ★★

✓CHECK! □□□

販売部長秘書Aの部署では，上司への連絡をメールでしてもよいことになっている。しかし，上司はあまりメールを見ないので仕事に支障が出ている，とAは部員から苦情を言われることがある。このような場合，Aはその部員にどのように言うのがよいか。次の中から**適当**と思われるものを一つ選びなさい。

1）メールで上司に連絡するやり方を，やめてはどうかと上司に話してみようか。
2）上司にメールを送ったときは，送ったので見てもらいたいと直接上司に知らせたらどうか。
3）苦情のことを上司に話し，自分が代わりにメールを見るようにしようかと話してみようか。
4）上司に急ぎのメールを送ったときは，自分からも上司に伝えるので，知らせてもらえないか。

5）上司がメールを見てくれるように，1日3回ぐらい，メールを見たかと催促するようにしようか。

職務知識

6 難易度ランク ★★★ ✓CHECK!

秘書Aは上司（部長）から数枚の資料を渡され，「これを一連の資料としてまとめ，コピーしてもらいたい。部長会議で使う」と言われた。次はこのときAが上司に確認したことである。中から不適当と思われるものを一つ選びなさい。

1）資料は事前に配布するか。
2）どのような議題で使う資料か。
3）コピーの仕方に希望はあるか。
4）メンバー分コピーすればよいか。
5）まとめ方を途中で確認してもらえるか。

7 難易度ランク ★★★★ ✓CHECK!

次は秘書Aが，先輩から秘書の仕事について教えられたことである。中から不適当と思われるものを一つ選びなさい。

1）秘書の仕事は上司の仕事の手助けだから，そのために必要なことは勉強しておくこと。
2）仕事は秘書の役割を意識して上司の指示で行うが，日常的なことは自分の判断で行うこと。
3）上司不在中に不意に来た初めての客には，名刺を預かって用件と次の来訪予定を尋ねておくこと。
4）上司から私的な用事を頼まれたときは，すぐにできる簡単なことなら，今している仕事を中断して済ませてしまうこと。
5）上司の体調がよくないときはスケジュールを調整することもあるので，何か気付いたことがあれば課長に話しておくこと。

8

難易度ランク ★★★

✓CHECK!

秘書Aの上司が出張中，上司あてに取引先のS氏から電話があった。S氏が個人的に関わっているボランティア団体に寄付を頼みたいということである。次はそのときAが，上司に報告するためS氏に確認したことである。中から不適当と思われるものを一つ選びなさい。

1）S氏はそのボランティア団体とどういう関係にあるのか。
2）寄付は会社に求めているのか，上司個人に求めているのか。
3）上司は出張中だが，よければ他の部署にも話しておこうか。
4）寄付の希望口数はあるか，いつまでに返事をすればよいのか。
5）上司に伝えておくが，取りあえず趣意書を送ってもらえないか。

9

難易度ランク ★

✓CHECK! 

秘書Aは上司から，「これをコピーしてX社に送っておくように」と文書を渡された。ところが忙しさに紛れて誤ってZ社に送ってしまった。文書はZ社に読まれても差し支えないものである。このような場合Aはどのように対処するのがよいか。次の中から**適当**と思われるものを一つ選びなさい。

1）文書の内容はZ社に知られても問題ないことなので，そのままにしておく。
2）Z社に電話で，文書を誤って送ってしまったとわび，そのまま破棄してもらいたいと頼む。
3）上司に，X社宛ての文書を不注意でZ社に送ってしまったと話し，上司からZ社にわびてもらう。
4）Z社に電話で，手違いでX社宛ての文書を送ってしまったと謝り，すぐに返送してもらいたいと頼む。
5）Z社に電話で，手違いでX社宛ての文書を送ってしまったので，手数を掛けるがX社に送ってもらえないかと頼む。

10 難易度ランク ★★★ ✓CHECK! □□□

部長秘書Aの上司は黙って席を立つことが多い。大抵は社内にいるので必要なときには捜すが，すぐには見つからず人を待たせるなど，業務に差し支えることもある。これを解消するためにAはどのようにしたらよいか。次の中から不適当と思われるものを一つ選びなさい。

1）上司が立ち寄りそうな部署に，「上司が立ち寄ったら知らせてもらいたい」と頼んでおく。
2）上司の様子に気を付けていて席を立つときは，「どのくらいで戻るか」と尋ねるようにする。
3）上司に，「迅速な対応をするため，なるべく行き先を知らせてもらえないか」とお願いしておく。
4）部員には，「上司は席にいないことが多いので，在席の確認をしてから来てもらいたい」と言っておく。
5）上司に，「行った先で時間がかかりそうなときは，内線電話で知らせてもらえないか」とお願いしておく。

一般知識

11 難易度ランク ★★ ✓CHECK! □□□

次の「　　」内は下のどの用語の説明か。中から**適当**と思われるものを一つ選びなさい。

「企業のある一定期間における経営成績を示したもの。P／Lと略される」

1）財産目録
2）監査報告書
3）貸借対照表
4）営業報告書
5）損益計算書

12

難易度ランク ★★★　✓CHECK! □□□

次は用語とその意味の組み合わせである。中から不適当と思われるものを一つ選びなさい。

1）モチベーション　＝　物事を行う動機や意欲のこと。
2）シチュエーション　＝　物事が置かれている状態や場面。
3）レクリエーション　＝　休養のためにするスポーツや遊び。
4）ジェネレーション　＝　職業や年齢によって変わる考え方の傾向。
5）シミュレーション　＝　実際に近い状況をつくって研究などをすること。

13

難易度ランク ★★★　✓CHECK! □□□

次の用語の説明の中から不適当と思われるものを一つ選びなさい。

1）「資金繰り」とは，事業資金のやりくりのことである。
2）「不良債権」とは，回収不能になった貸した金のことである。
3）「連結決算」とは，前期と後期を連結して決算することである。
4）「不渡手形」とは，約束の日に支払われない手形のことである。
5）「ノンバンク」とは，銀行以外で貸金業務を行う企業のことである。

マナー・接遇

14

難易度ランク ★★★　✓CHECK! □□□

次は営業部長秘書Aの，上司に対する言葉遣いである。中から**適当**と思われるものを一つ選びなさい。

1）G社のN氏が来訪したとき
「G社のN様がお見えになられました」
2）海外出張が決まったと言われたとき
「いつごろご出発いただくことになりますか」
3）雑誌の記事を指して，見るかと聞かれたとき

「部長が拝見なさいました後でお貸しいただけますか」

4）取引先の展示会には外出先から直行すると言われたとき
「招待状をお渡しいたしますので，ご持参していただけませんか」

5）本部長の今日の予定はどうなっているかと聞かれたとき
「本日は午後から外出なさるご予定と本部長から伺っております」

15

難易度ランク ★★★　✓CHECK! □□□

次は秘書Aが話をしたり聞いたりするとき，相手によい印象を持ってもらうために心掛けていることである。中から不適当と思われるものを一つ選びなさい。

1）話をするときは，明るく生き生きとした調子で柔和な表情をするようにしている。

2）相手の話に同意するときは，うなずいたり私もそう思うなどと言ったりしている。

3）相手の真意をくみ取るように，どのようなことを話そうとしているのか考えながら聞くようにしている。

4）いつもきちんとした雰囲気で話をしたいので，先輩や後輩と雑談をするときも言葉遣いの丁寧さは崩さないようにしている。

5）相手の話し方が不明瞭でよく分からないときはさりげなく質問するようにし，分からないとはっきりとは言わないようにしている。

16

難易度ランク ★★　✓CHECK! □□□

秘書Aは上司の出張中に，上司が懇意にしている取引先R社の会長が亡くなったとの知らせを受けた。告別式は明後日だが，上司が戻るのは明後日の夕方である。次はこのことへのAの対処である。中から不適当と思われるものを一つ選びなさい。

1）R社に告別式の場所や時間，葬儀の形式などを問い合わせた。

2）香典や供花などの前例を調べ，出張先の上司に告別式の詳細とともに報告し指示を仰いだ。

3）そのとき，弔電は誰の名前で打つかを確認し，喪主宛てに打った。
4）R社と関係のある部署に，会長が亡くなったことを連絡した。
5）香典は送るよう指示されたが，Aが行けそうなので代理で持参することにした。

17

難易度ランク ★

✓CHECK!

秘書Aは上司から応接室の片付けのことで注意されたが，Aには心当たりがなく上司は人違いをしているらしい。このような場合，Aはどのように対処するのがよいか。次の中から**適当**と思われるものを一つ選びなさい。

1）まずは謝るが，「自分にはそのような覚えはないので，皆に伝える」と言う。
2）人違いだがAが言われたことなので，上司には謝り他の人には何も言わない。
3）まずは謝るが，「人違いだと思うので，その片付けをした人を確かめてみる」と言う。
4）その場では謝るが，後で片付けをした人を調べてその人に上司のところへ行ってもらう。
5）上司に「以後注意する」と言って謝り，後で片付けに関係する人たちに上司の注意を伝える。

18

難易度ランク ★★

✓CHECK!

秘書Aの上司は隣駅のT支店に出掛けている。その上司から電話が入り，「今，会議中だが机の上にある青色の封筒を急いで届けてもらいたい」と言う。次はこのときのAの一連の行動である。中から不適当と思われるものを一つ選びなさい。

1）急ぐということなので，会社からタクシーでT支店まで行った。
2）T支店のロビーで着ていたコートを脱いだ。
3）受付に事情を話し許可を得てから，一人で上司のいる会議室に向かった。

4）会議室に入り上司のところに行き，バッグから封筒を取り出して渡した。

5）受付に立ち寄り礼を言い，帰りは急がないので電車で会社に戻った。

19 難易度ランク ★★★★ ✓CHECK! □□□

秘書Aは上司から，大会を控えた会社のラグビー部の合宿にビール券を差し入れるようにと言われた。このような場合の上書きとして，次の中から不適当と思われるものを一つ選びなさい。

1）祈必勝

2）祈優勝

3）祈御健闘

4）陣中御見舞

5）必勝御見舞

20

難易度ランク ★★★　✓CHECK! □□□

次は秘書Aが後輩Bに，人数が多い会議でのお茶の出し方について教えたことである。中から不適当と思われるものを一つ選びなさい。

1）一番の上位者に先に出したら，後はその近くの席から順に出すのでもよい。
2）茶たくと茶わんを載せたお盆を補助者に持ってもらい，一人一人に出す出し方がある。
3）通路が狭く，お茶を持って出しに行けない場合は，手前の人に回してもらってもよい。
4）お茶を入れ替えるときは，茶たくはそのままにし，お茶を入れた茶わんだけ替えてもよい。
5）社内会議で長時間にわたるときは，後方にお茶を入れたポットを置いてセルフサービスにすることもある。

21

難易度ランク ★　✓CHECK! □□□

秘書Aは取引先のD氏から，「日ごろ世話になっている人を招いて懇親会を行う。うちの秘書も参加するのでぜひ来てもらいたい」と直接誘われた。この日Aは特に予定はない。このような場合，AはD氏に礼を言った後，どのように対応すればよいか。次の中から**適当**と思われるものを一つ選びなさい。

1）「自分だけでは気が引けるので，上司と一緒に行ってもよいか」と尋ねる。
2）「上司に許可を得ないといけないので，返事を待ってもらいたい」と言う。
3）「個人的ということで受けるので，上司には話さないでもらいたい」と言って応じる。
4）「そういうことは上司を通して話してもらえないか」と言って聞かなかったことにする。
5）「その日は予定がはっきりしないので，後で連絡する」と言っておいて上司の指示を仰ぐ。

22

難易度ランク ★★★　✓CHECK! □□□

次は秘書Aが，相手に電話をかけて上司（山田部長）に取り次ぐ場合の代わり方である。中から不適当と思われるものを一つ選びなさい。

1）課長にかけるときは，課長を呼び出して「部長からですが，少々お待ちください」と言って上司に代わっている。
2）上司の家族にかけるときは，電話口に出た人に「山田部長にただ今代わります。少々お待ちください」と言って上司に代わっている。
3）取引先の担当者にかけるとき，担当者が直接電話口に出たら「山田からですが，よろしいでしょうか」と言って上司に代わっている。
4）本部長にかけるときは，秘書に電話をかけて取り次ぎを頼み，本部長が電話口に出たら「少々お待ちください」と言って上司に代わっている。
5）得意先のM部長にかけるときは，電話口に出た人に「部長のM様をお願いします」と言って，相手が取り次いでいる間に上司に代わっている。

23

難易度ランク ★★　✓CHECK! □□□

秘書Aが新人秘書Bに新しい仕事を指示したとき，Bは自分にできるか不安だと言った。このような場合，AはBにどのようなことを言えばよいか。次の中から不適当と思われるものを一つ選びなさい。

1）「何事も経験が大事よ，気楽にやってみて」
2）「何かあったら私が手助けするから頑張って」
3）「あなたならできると思う，チャレンジしてみて」
4）「やり方を教えるから，初めはその通りやってみて」
5）「これまでの仕事ぶりからするとできるはず，やってみようよ」

技　能

24 難易度ランク ★★★　✓CHECK! □□□

次は秘書Aが，上司のスケジュール管理で行っていることである。中から不適当と思われるものを一つ選びなさい。

1）私的な予定も仕事の予定と区別せずにスケジュールの調整をしている。
2）予定表を変更するときは，前の予定がどのようなものであったかが分かるようにしている。
3）私的な予定は，公開スケジュールには詳細を書かず「外出」や「面談」のように書いている。
4）上司の出社時と退社時には口頭で予定を確認しているが，時間に余裕のないときはメモでしている。
5）予定が変更になり時間が空いてしまったときは，次の予定を前倒しにして空き時間をなるべく減らしている。

25 難易度ランク ★　✓CHECK! □□□

秘書Aは保存文書を貸し出すとき，文書を抜いた箇所に「貸出ガイド」を差し入れている。次はその貸出ガイドに記入していることである。中から不適当と思われるものを一つ選びなさい。

1）文書名
2）貸出日
3）貸出先
4）使用日時
5）返却予定日

26

難易度ランク ★★★　✓CHECK! □□□

次の文書の説明の中から不適当と思われるものを一つ選びなさい。

1）「委任状」とは，その人に任せたことを証明する文書のことである。
2）「趣意書」とは，ある物事を始めるときの目的や考えを書いた文書のことである。
3）「照会状」とは，照らし合わせた結果，間違いないと証明する文書のことである。
4）「始末書」とは，過失や事故をわびるために，いきさつを説明する文書のことである。
5）「進退伺」とは，責任を取って辞職すべきかどうかの判断を上司に仰ぐ文書のことである。

27

難易度ランク ★★　✓CHECK! □□□

次は秘書Aが，会議などの会場を設営するときに行っていることである。中から不適当と思われるものを一つ選びなさい。

1）記録係の席は，発言者の顔が見やすい位置にしている。
2）オブザーバーの席は，他の出席者からよく見える位置にしている。
3）説明会など参加人数が多い場合は，机をスクール形式にしている。
4）会議では意見交換がしやすいように，机をロの字形に配置している。
5）研修会でスクリーンを使用するときは，机をVの字形に配置している。

28

難易度ランク ★

CHECK!

次は，人事部長秘書Aが切り抜いた新聞の見出しである。中から人事に関係のないものを一つ選びなさい。

1）「大手300社対象，新入社員の初任給調査」
2）「働き方改革で副業を考えている人増加中」
3）「消費税増税対策でキャッシュレスポイント還元」
4）「オフィスの受動喫煙防止，企業の対応が本格化」
5）「派遣社員の勤続年数に応じた支払いを厚労省が義務付け」

29

難易度ランク ★★

CHECK!

秘書Aの上司は，社外の人を招いて昼食を挟む会議を行うことがある。次はAがその通知状などを作成するとき，内容に間違いや漏れがないか気を付けていることである。中から不適当と思われるものを一つ選びなさい。

1）開催日時と曜日。
2）担当者名と電話番号。
3）会場の交通案内と略図。
4）昼食の「要・不要」記入欄。
5）会議資料名と部数（資料を同封する場合）。

30

難易度ランク ★★

CHECK!

次はデータと，それを見やすいグラフにしたものとの組み合わせである。中から不適当と思われるものを一つ選びなさい。

1）支店別社員数　＝　棒グラフ
2）製品別売上高の構成比　＝　円グラフ
3）年代別社員平均給与額　＝　棒グラフ
4）部署別年間時間外手当額　＝　折れ線グラフ
5）月別問い合わせ件数の推移　＝　折れ線グラフ

31

難易度ランク ★★★　✓CHECK! □□□

次は手紙に書く時候のあいさつと，その言葉を使う一般的な月の組み合わせである。中から不適当と思われるものを一つ選びなさい。

1）歳晩の候 ―― 12月
2）初秋の候 ―― 9月
3）向暑の候 ―― 7月
4）早春の候 ―― 3月
5）初春の候 ―― 1月

記述問題

マナー・接遇

32

難易度ランク ★★　✓CHECK! □□□

秘書Aは出社した上司にいつも「おはようございます」と言うが，次のようなとき，その後どのように続けるのがよいか。適切な言葉を「　　」内に答えなさい。

1）前日，上司が出張していたとき。
2）前日，上司が体調不良で早退したとき。
3）前日，上司に食事をごちそうになったとき。

1）「　　」

2）「　　」

3）「　　」

33

難易度ランク ★　　✓CHECK! □□□

次は来客の見送り方について述べたものである。（　　）内に入る適切な言葉を答えなさい。

1）自席で来客を見送るときは，
　必ず（　　　　　　　　），お辞儀をすること。
2）エレベーターに乗る来客を見送るときそこでお辞儀をするが，
　エレベーターが（　　　　　　　　）までその場にいること。
3）車で帰る来客を見送るときそこでお辞儀をするが，
　車が（　　　　　　　　）までその場にいること。

1）（　　　　　　　　　　　　　　　　）

2）（　　　　　　　　　　　　　　　　）

3）（　　　　　　　　　　　　　　　　）

技　能

34

難易度ランク ★★★★　　✓CHECK! □□□

次は手紙の慣用句である。それぞれの意味を答えなさい。

1）ご引見ください
2）ご休心ください
3）万障お繰り合わせの上

1）＿＿＿＿＿＿＿＿＿＿＿＿＿＿＿＿

2）＿＿＿＿＿＿＿＿＿＿＿＿＿＿＿＿

3）＿＿＿＿＿＿＿＿＿＿＿＿＿＿＿＿

35

難易度ランク ★★★　　✓CHECK! □□□

次は秘書Aが，郵送しようとして書いた封筒の表の一部である。枠内の下線部分に入る適切な用語を漢字２文字で答えなさい。

1）実家の「田中宅」に帰省している先輩の松本由美さんに，書類を送るとき。

田中＿＿ 松本由美様

2）グランドホテル1120号室に「滞在」している山田一郎部長に，資料を送るとき。

グランドホテル＿＿　1120号室 山田一郎様

3）上司の恩師である佐藤和夫氏に，上司が賀寿の祝いで撮った「写真」を送るとき。

佐藤和夫先生 写真＿＿

4）㈱ＡＢＣ商事の中村恵子総務部長に，「本人に直接開封してもらいたい」資料を送るとき。

株式会社ＡＢＣ商事 総務部長 中村恵子様 ＿＿

1）＿＿＿＿＿＿＿＿　2）＿＿＿＿＿＿＿＿

3）＿＿＿＿＿＿＿＿　4）＿＿＿＿＿＿＿＿

（第119回　終わり）

秘書検定 2 級

第 118 回

問題

試験時間 120 分

必要とされる資質

1 難易度ランク ★★ ✓CHECK! □□□

他部署から異動してきて間もない秘書Aは先輩Cから,「Aが秘書課の雰囲気に溶け込めないでいるらしいと他の秘書から聞いたが,そうなのか」と尋ねられた。Aとしてはそう思っていなかった。このような場合,AはCにどのように答えるのがよいか。次の中から不適当と思われるものを一つ選びなさい。

1)「そう感じる人がいるのなら,気付かず申し訳なく思う」と言う。
2)「自分はそう思っていなかったが,心配を掛けてすまない」と言う。
3)「振る舞いに出ていたのかもしれないから,気を付けるようにする」と言う。
4)「自分には思い当たらないのだが,どのようにしたらよいだろうか」と言う。
5)「心配を掛けたが自分ではそう思っていないので,ただのうわさだと思う」と言う。

2 難易度ランク ★★ ✓CHECK! □□□

秘書Aは,社外で行われたマナー研修会に参加した。そこで,お茶を運ぶときは,茶わんと茶たくは別にしてお盆に載せるのがよいと教えられた。今までAは,先輩から教えられて,茶たくと茶わんをセットしてお盆に載せて運んでいた。次は,そのことについてAが考えたことである。中から**適当**と思われるものを一つ選びなさい。

1)他部署ではどちらの運び方をしているか調べ,多い方に合わせようか。
2)先輩に,研修会で教わったお茶の運び方が今までと違うが,どうするかと尋ねようか。
3)同僚に研修会で教わったことを話し,どちらの運び方がよいと思うか相談してみようか。
4)上司に研修会で教わったことを話し,これからはどちらの運び方にしたらよいか尋ねようか。

5）研修会に行ったのは自分だけなので，先輩の立場を考え余計なことは言わず今まで通りの運び方をしようか。

3

難易度ランク ★★★

✓CHECK! □□□

秘書Aは上司（部長）の奥さまからの電話を取った。上司が医師から処方された薬を忘れて家を出た，ということである。上司はこれから会議に出席するところだが，その後，支社へ出張することになっている。このような場合，Aは上司にどのように言うのがよいか。次の中から不適当と思われるものを一つ選びなさい。

1）奥さまに会社まで薬を届けてもらってもよいか。
2）自分がこれから部長宅に行き，薬を受け取ってこようか。
3）薬を取りに戻れるように，新幹線の時間を変更しようか。
4）翌日分からの薬なら，宿泊先に宅配便で送ってもらおうか。
5）近くのかかりつけのクリニックに事情を話し，薬を出せないか聞いてみようか。

4

難易度ランク ★★

部長秘書Aは先輩から，秘書は時間を意識して仕事をすることが大事と言われている。次はこのことを踏まえてAが行っていることである。中から<u>不適当</u>と思われるものを一つ選びなさい。

1）いつも長居をする客が来社したときは，上司の次の予定を客に伝えておくようにしている。

2）上司から終業時間の間際に仕事を指示されることもあるが，急ぎでなければ翌日にしている。

3）上司の予定が変わって空き時間ができたときは，関係者にそのことを伝えるようにしている。

4）急ぎの仕事を指示されたときは，他の仕事をどうやりくりして時間をつくるかをまず考えている。

5）上司と気の合う他部署の部長がよく不意に来て談笑しているが，予定に影響がないときは気にしないでいる。

5

難易度ランク ★★

CHECK!

秘書Aは上司から，新人Bが秘書業務をよく理解していないようなので，きちんと教えておくように言われた。次はAが，秘書業務についてBに教えたことである。中から<u>不適当</u>と思われるものを一つ選びなさい。

1）上司の身の回りの世話をし，上司の健康にも気を配らないといけない。

2）秘書業務には秘書の人柄が反映されるので，人柄をよくする努力が必要である。

3）秘書業務は上司のためにするのだから，何事も上司の好みに合わせる必要がある。

4）上司の代わりにするようなこともあるので，信頼される人にならないといけない。

5）上司と秘書の相互理解が求められるので，上司に秘書の性格を理解してもらうことも必要である。

職務知識

6

難易度ランク ★

✓CHECK! □□□

秘書Aの上司のところへ，取引先のY氏が約束の時間に少し遅れて訪れた。Y氏は「交通渋滞で」と言ってAにわびたが，このような場合Aはどのようにして案内するのがよいか。次の中から不適当と思われるものを一つ選びなさい。

1）上司に事情を伝えておくと言って案内する。
2）それは大変だったなどとねぎらってから案内する。
3）このようなことは仕方のないことと言って案内する。
4）気にしないでもらいたいと言ってそのまま案内する。
5）遅れた理由を上司に伝えた方がよいか尋ねてから案内する。

7

難易度ランク ★★

✓CHECK! □□□

秘書Aの上司（営業部長）が出張中，本部長から「緊急の用件で営業部長に直接連絡を取りたい」と言われた。今の時間上司はW社で，Z企画のプレゼンテーションの最中のはずである。このような場合，Aは本部長にどのように対応するのがよいか。次の中から不適当と思われるものを一つ選びなさい。

1）できるだけ早く会社に連絡するよう，上司への伝言をW社にお願いするがよいかと尋ねる。
2）上司が連絡できそうな時間をW社に尋ねて本部長に知らせるが，それで間に合うかと尋ねる。
3）上司はW社でZ企画のプレゼンテーション中だが，それが終わってからでは駄目かと尋ねる。
4）W社でのプレゼンテーションと本部長の緊急の用件とでは，優先順位はどちらが上かと尋ねる。
5）上司はW社でプレゼンテーション中なので，携帯電話にメールをしておき連絡を待つのでは駄目かと尋ねる。

8 難易度ランク ★★ ✓CHECK! □□□

営業部で部長の兼務秘書をしていたＡが，他部署へ異動することになった。次はＡが，仕事を引き継ぐために用意した資料などである。中から<u>不適当</u>と思われるものを一つ選びなさい。

1）部外秘の資料。
2）Ａの辞令と就業規則。
3）Ａが担当した顧客の名刺。
4）上司が返事を待っている文書の控え。
5）上司の私的な予定を書いたスケジュール帳。

9 難易度ランク ★★ ✓CHECK! □□□

秘書Ａは，上司（部長）から許可をもらって明日休むことになっている。次は，休む前日にＡが行ったことである。中から<u>不適当</u>と思われるものを一つ選びなさい。

1）退社するとき上司は直帰で不在だったので，上司の机上に明日休むことを書いたメモを置いた。
2）明日の部長会議のお茶出しを代わってもらう後輩Ｆに，出し方の説明はしなくても大丈夫かと尋ねた。
3）新人Ｂに，明日休むが，対処の仕方が分からないことは，そのままにしておいてもらいたいと言った。
4）明日Ａあてに資料を持ってくることになっている取引先の人に，代わりに受け取る者の名前を電話で連絡した。
5）メールでのやりとりが頻繁にある支店長秘書に，明日は休むのでメールの確認は明後日になると知らせておいた。

10 難易度ランク ★★ ✓CHECK! □□□

次は営業部長秘書Ａが，上司の留守中に行ったことについて，上司に報告したことである。中から<u>不適当</u>と思われるものを一つ選びなさい。

1）「Y社のM部長が転勤のあいさつにいらっしゃいましたので，代わりに課長にお会いいただきました」
2）「業界紙の記者から，部長にインタビューの依頼がありましたので，詳細をメールで頂くことにしました」
3）「ご友人のR様がお目に掛かりたいとおっしゃってお見えになりましたが，特に何もおっしゃっていませんでした」
4）「S社から，先日依頼した件の返事を聞きたいと連絡がございましたので，本日中に返事をすると申し上げました」
5）「本部長が，L社との契約について至急打ち合わせをしたいとのことでしたので，部長の本日これからのご予定をお伝えしました」

一般知識

11 難易度ランク ★★ ✓CHECK! □□□

次は株式会社について述べたものである。中から不適当と思われるものを一つ選びなさい。

1）株式は売買や譲渡ができる。
2）株主は出資金だけの責任を負えばよい。
3）不特定多数の出資者から資金を集められる。
4）日本で最も普及している会社の形態である。
5）取締役は労働組合の承認を得て選任される。

12 難易度ランク ★★ ✓CHECK! □□□

次の用語の説明の中から不適当と思われるものを一つ選びなさい。

1）「寡占」とは，商品市場の大部分を少数の企業が支配すること。
2）「商標」とは，他の商品との識別のために付ける文字，図形などのこと。
3）「債務」とは，金銭などを返してくれるように相手に対して請求できる権利のこと。

4）「背任」とは，地位や役職を利用して自分の利益を図り，会社などに損害を与えること。
5）「入札」とは，売買や請負などで，複数の希望者が見積額などを書いた文書を提出すること。

13 難易度ランク ★ ✓CHECK! □□□

次の「　　」内は，下のどの用語の説明か。中から**適当**と思われるものを一つ選びなさい。

「一人当たりの労働時間を短縮して，より多くの人で仕事の総量を分け合うこと」

1）プロジェクト
2）アウトソーシング
3）ワークシェアリング
4）リストラクチャリング
5）コストパフォーマンス

マナー・接遇

14 難易度ランク ★ ✓CHECK! □□□

秘書A（佐藤）の上司（山田営業部長）のところに取引先の担当者が来訪した。Aは同席するよう言われていたので資料を持って応接室に行ったところ，上司がAを秘書だと言って紹介し，担当者はAに名刺を出してあいさつをしてきた。この場合，Aはどのように対応するのがよいか。次の中から**適当**と思われるものを一つ選びなさい。

1）Aは秘書なのだから，「頂いてもよろしいのでしょうか」と言って名刺を受け取る。
2）上司への来客なのだから，「お預かりいたします」と言って名刺を受け取り上司に渡す。
3）相手は取引先なのだから，「山田ともどもよろしくお願いいたします」と言って名刺を受け取る。

4）担当者のことは聞いていたのだから,「おうわさは聞いております」と言いながらAも名刺を出して交換をする。

5）紹介されたのだから,「佐藤と申します。よろしくお願いいたします」と言いながらAも名刺を出して交換をする。

15

難易度ランク ★ ✓CHECK! □□□

秘書Aの上司は贈り物をするとき,何を贈るかはAに任せている。次はそのようなときAが行ったことである。中から不適当と思われるものを一つ選びなさい。

1）上司の友人が事務所を開いたことへの祝いには,蘭（らん）の鉢植えを贈った。

2）取引先の担当部署への中元には,人数を考慮して分けやすい菓子を贈った。

3）Aの前任者だったJの結婚祝いには,Jに希望する品を尋ねて贈った。

4）災害に遭った取引先の営業所への見舞いには,現金に見舞状を添えて贈った。

5）上司が出張で世話になった人への礼には,好みが分からないので現金に礼状を添えて贈った。

16

難易度ランク ★ ✓CHECK! □□□

秘書Aは最近,社内の共有スペースの給湯室が,よく水滴が飛び散ったままになっているのが気になっている。次はAがどのようにしたらよいか考えたことである。中から不適当と思われるものを一つ選びなさい。

1）折を見て,総務課に所属している同僚に相談を持ち掛けてみようか。

2）先輩にそのことを話し,このままにしていてよいものか相談してみようか。

3）まずは同僚などとの普段の会話の中で，給湯室の使い方について話題にしてみようか。
4）給湯室の使い方が気になっていると上司に話し，どのようにしたらよいか尋ねてみようか。
5）水滴を拭き取らない人が誰かは分からないのだから，自分が率先して給湯室をきれいにするよう心掛けようか。

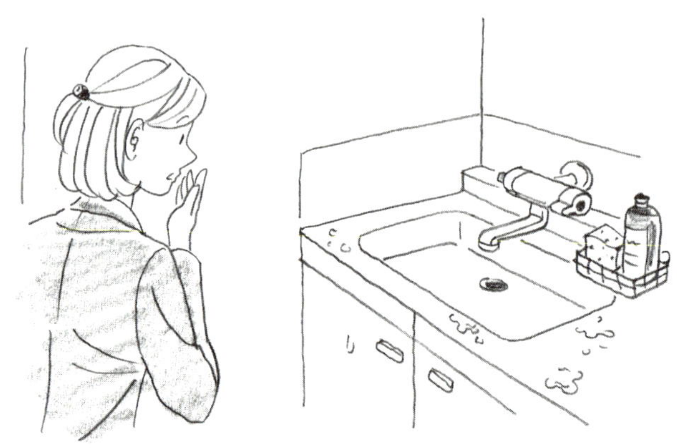

17 難易度ランク★ ✓CHECK! □□□

秘書Aの上司（山田部長）が出張中に，不意の来客があった。次はそのとき応対したAが順に言ったことである。中から言葉遣いが不適当と思われるものを一つ選びなさい。

1）「申し訳ございません。山田はあいにく出張いたしております」
2）「明後日に戻る予定でございますが，お急ぎでしょうか」
3）「よろしければ代理の者を呼んでまいりますが，いかがいたしましょうか」
4）「お待たせいたしました。課長の鈴木がお話をお承りになるとのことでございます」
5）「ただ今参りますので，こちらにお掛けになってお待ちくださいませ」

18

難易度ランク ★★

✓CHECK! □□□

次は秘書Aが先輩から聞いた，弔事に関するマナーである。中から不適当と思われるものを一つ選びなさい。

1）不祝儀袋は葬儀の形式によって異なるので，形式の確認をしてから選ぶこと。
2）通夜に行くときはダークカラーであれば平服でもよいとされているが，アクセサリーは外すこと。
3）仏式のときの遺族へのお悔やみは，「このたびはご愁傷さまでございます」などの短い言葉でよい。
4）葬儀の受付で香典を差し出すときは，お辞儀をした後「わずかですが」と言って出すのがよい。
5）葬儀に参列して帰るときは，遺族にあいさつをする必要はなくそのまま帰ってよい。

19

難易度ランク ★★★

✓CHECK! □□□

秘書Aの上司（山田部長）は代理店に急用ができて外出することになった。このため取引先N氏との面談ができなくなりAは上司から，「N氏には無理を言って面談の都合をつけてもらったので，よくおわびをしておくように」と言われた。この場合AはN氏に電話してわびることになるが，どのように言うのがよいか。次の中から不適当と思われるものを一つ選びなさい。

1）「大変申し訳ない，くれぐれもおわびするようにと山田から申し付かっております」
2）「山田は，無理を言ってお時間をお取りいただいたのに大変申し訳ないと申しておりました」
3）「山田からこのたびのことをよくおわびするようにと申し付かりましたので，お伝えいたします」
4）「よくおわびするようにと山田から申し付かっております。勝手を申しまして誠に申し訳ございません」
5）「山田から，申し訳ない，今回のことはお許しいただきたいとのことでございました。大変申し訳ございませんでした」

20

難易度ランク ★　　✓CHECK! □□□

次は部長秘書Aの，来客があったときのお茶の出し方である。中から不適当と思われるものを一つ選びなさい。

1）客を長く待たせた場合には，上司が応接室に入ったとき，客にも新しいお茶を出している。
2）コーヒーを好む客に，緑茶でなくコーヒーを出す場合には，上司にも同じものを出している。
3）面談が長引いている場合には，上司からの指示がなくても様子を見てお茶を入れ替えている。
4）応接室に入ったとき，上司と客が立って名刺交換をしている場合は，その最中にお茶を出している。
5）上司が普段使っている個人用の茶わんもあるが，来客時には上司にも客と同じ茶わんで出している。

21

難易度ランク ★　　✓CHECK! □□□

秘書Aは会議で配布する資料に通し番号を付けてセットした。枚数が多かったので，会議で配布したとき間違いがないか出席者に確認してもらうことにした。このような場合，Aはどのように言うのがよいか。次の中から不適当と思われるものを一つ選びなさい。

1）「資料は枚数が多いですので，ご確認いただけますでしょうか」
2）「お配りした資料に不足がありましたら，おっしゃってください」
3）「資料には通し番号が付いていますので，ご確認をお願いいたします」
4）「資料の通し番号に漏れがありましたら，おっしゃっていただけますでしょうか」
5）「資料は間違いなくセットしたはずですが，念のためご確認をお願いできますでしょうか」

22

難易度ランク ★★

✓CHECK! □□□

次は秘書Aが，会社の創立記念パーティー（立食形式）で受付を担当したときに行ったことである。中から不適当と思われるものを一つ選びなさい。

1）胸章を客に着けるとき，着ける位置を客に確認してから着けさせてもらった。
2）大きな荷物を持っている客には，クロークに預けるようお願いして場所を案内した。
3）会うのは初めてだが電話で何度か話したことのある取引先の人には，名乗ってあいさつした。
4）遅れて来た客は会場の入り口まで案内し，始まっているので切りのよいところで入場するようお願いした。
5）祝い金は受け取らないよう言われていたので，持ってきた客には申し訳ないが受け取らないことになっていると断った。

23

難易度ランク ★★★

✓CHECK! □□□

秘書Aの上司（山田部長）が外出中，上司の机の内線電話が鳴った。このような場合，Aはどのように言って電話に出ればよいか。次の中から**適当**と思われるものを一つ選びなさい。

1）「はい，山田部長の席でございます」
2）「はい，部長は外出中でございます」
3）「はい，山田部長は留守でございます」
4）「はい，部長の山田の席でございます」
5）「はい，部長さんのお席でございます」

技 能

24 難易度ランク ★★ ✓CHECK! □□□

秘書Aは上司から，「来週水曜の出張は泊まることになった。木曜10時からのT社中島部長との打ち合わせは午後以降に変更しておいてもらいたい」と言われた。次はこのことについてAが順に行ったことである。中から不適当と思われるものを一つ選びなさい。

1）中島部長に，来週木曜日10時に約束してある打ち合わせの時間を変更したいという電話をした。
2）このとき，上司の出張が延びたためとわびて，こちらの都合は木曜日の午後がよいと言った。
3）中島部長は午後３時ならよいと言ったので，その時間に待っていると伝えた。
4）スケジュール表の木曜10時の予定を二本線で消し，３時に変更した。
5）このことを上司に報告して応接室を予約し直し，関係者に上司のスケジュール変更を連絡した。

25 難易度ランク ★★★ ✓CHECK! □□□

次は秘書Aが，上司に関する受発信事務について心掛けていることと，最近行ったことである。中から不適当と思われるものを一つ選びなさい。

1）上司にはDMがたくさん来るが，上司に関心があると思われるものだけ開封して渡している。
2）上司宛ての郵便物のうち，開封した文書には目を通し，上司でなくても処理できるものは担当者に渡している。
3）上司宛ての郵便物でAも分かっている内容のものだったが，表に親展と書かれていたので開封せずに渡した。
4）上司から，出張中に世話になったので礼状を出しておくように言われたとき，いつまでに出せばよいか確認した。
5）上司から，参加する経営研究会の会費を送金するようにと関係書類を渡されたとき，期限はまだ先であったがすぐに手配した。

26 難易度ランク ★　✓CHECK! □□□

次は，コンピューターに関する用語の説明である。中から<u>不適当</u>と思われるものを一つ選びなさい。

1）「圧縮」とは，特定の処理手順に従ってデータの容量を小さくすること。
2）「文字化け」とは，漢字の誤変換で例えば，「至急（シキュウ）」が「支給」になってしまうこと。
3）「カット＆ペースト」とは，データの一部を切り取って，それを指定した場所に移動させること。
4）「ナムロックキー」とは，キーボードの一部を数字キーに利用できるように切り替えるキーのこと。
5）「アップグレード」とは，ソフトウエアやハードウエアをより新しいものや高性能なものに切り替えること。

27 難易度ランク ★★★　✓CHECK! □□□

次は秘書Aの上司（部長）のスケジュールが予定通りにいかないとき，Aが対処したことである。中から<u>不適当</u>と思われるものを一つ選びなさい。

1）＜得意先へ出掛ける予定の時間になっても，会議が終わりそうもないとき＞
会議中の上司に，出掛ける時間だと書いたメモを渡した。
2）＜K部長との打ち合わせの時間なのに，外出先から戻ってこないとき＞
K部長に事情を話し，K部長のこの後のスケジュールを尋ねておいた。
3）＜上司の友人の葬儀と緊急の部長会議が重なったとき＞
上司に，緊急の会議なので，葬儀へは課長に代理で参列してもらおうかと尋ねた。
4）＜予約客から，都合で15分ほど遅れると連絡が入ったとき＞
この後予定は入っていなかったので，客には待っていると言い，上司にそのことを伝えた。

5）<上司が風邪気味だと言って昼に退社したとき>
午後取引先に一緒に出掛けることになっていた課長に事情を話して，取引先への対応を頼んだ。

28

難易度ランク ★★★　✓CHECK! □□□

次は，刊行物に関する用語とその説明の組み合わせである。中から不適当と思われるものを一つ選びなさい。

1）バックナンバー　＝　定期刊行物の既刊号のこと。
2）タブロイド判　＝　普通の新聞の半分の大きさのこと。
3）隔月刊　＝　２カ月に１回発行する刊行物のこと。
4）機関誌　＝　団体が発行する会員向けの雑誌のこと。
5）増刊号　＝　通常よりページを増やして発行する定期刊行物のこと。

29

難易度ランク ★　✓CHECK! □□□

秘書Ａの上司が社外から関係者を招いて意見交換会を開くことになり，Ａは議事録を作成するように指示された。次はこのときＡが行ったことである。中から不適当と思われるものを一つ選びなさい。

1）出席者名と議題を事前に確認し，配布資料に目を通しておいた。
2）議事録の作成期限と，発言記録の確認をどのようにするか上司に確認した。
3）発言者名を間違えないように，出席者全員が見渡せる位置に座った。
4）発言の記録に間違いがないように，参加者に許可を取り録音をした。
5）発言のよく聞き取れなかった部分は，席上で発言者に確認した。

30

難易度ランク ★

✓CHECK! □□□

秘書Aは新人Bから,「文書を部内の共有キャビネットに保管して,集中管理しているのはなぜか」と尋ねられた。次はこのときAが答えたことである。中から不適当と思われるものを一つ選びなさい。

1）文書の私物化を防ぐため。
2）保管スペースを効率よく使うため。
3）不要になった文書を捨てやすくするため。
4）部員の利用頻度で,仕事量を把握するため。
5）担当者が不在でも,探し出せるようにするため。

31

難易度ランク ★★

✓CHECK! □□□

次は,名刺整理簿の便利さについて述べたものである。中から不適当と思われるものを一つ選びなさい。

1）帳簿タイプなので,棚に書籍のように並べられて便利である。
2）見開きで何枚も一度に見られるので,早く探し出せて便利である。
3）五十音順の見出しを付けておくと,辞書を引くように探せて便利である。
4）ポケット式なので,小さな名刺も他の名刺と一緒に整理できて便利である。
5）名刺の数が増えたら整理簿を増やせばよいので,多量の名刺整理に便利である。

記述問題

マナー・接遇

32

難易度ランク ★★

✓CHECK! □□□

部長秘書Aの後輩Bは，言葉遣いの間違いが多い。次は，Bが言った言葉である。それぞれどのように直せばよいか。「　　」内の不適切な部分1カ所に下線を引き，その下に適切な言葉を書きなさい。

1）来客に，受付を案内したとき
「あちらの受付で伺ってくださいますか」

2）Aに，課長はどのように言っていたかと尋ねたとき
「課長はどのように申したのでしょうか」

3）Aに，旅行先でお土産を買ってきたと言ってお菓子をくれたとき
「冷蔵庫で冷やしてもおいしくいただけます」

4）Aに，午後は帰ることになっていると言うとき
「午後は帰らさせていただくことになっております」

33

難易度ランク ★★

✓CHECK! □□□

次の場合，使用する祝儀袋は右の図A・Bのどちらになるか，記号で答えなさい。また，それぞれの上書きとして適切なものを右の1～6の中から選び，番号で答えなさい。

1）取引先の新社屋披露パーティーに祝いを持っていくとき
祝儀袋（　　　）　上書き（　　　）

2）取引先の部長が地方の支社長として転勤するときの祝いに
祝儀袋（　　　）　上書き（　　　）

<祝儀袋>

A

B

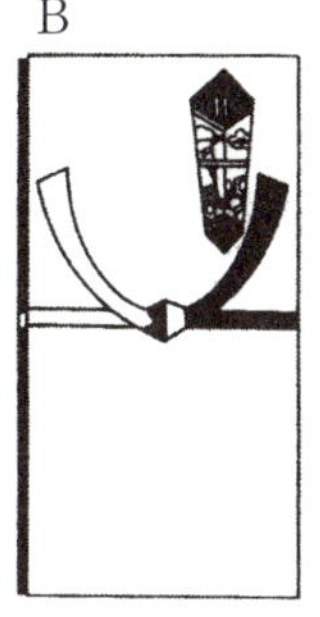

<上書き>

1 寿
2 内祝
3 御祝儀
4 落成御祝
5 御開業御祝
6 御栄転御祝

技 能

34 難易度ランク ★★★ ✓CHECK! □□□

次は秘書Aが転勤が決まった上司から，あいさつ状を作成するようにと指示されて書いた手紙文である。（　　）内に入る適切な語を答えなさい。　※ ①以外は漢字２文字で答えること。

拝啓　向暑の候，貴社ますますご発展のこととお喜び申し上げます。
（　①　），私こと，このたび大阪支店勤務を命じられました。東京本社（　②　）中は公私共にひとかたならぬご厚情を賜り，厚く御礼申し上げます。
昨今の経済情勢は厳しいものがございますが，（　③　）ながら新任務に精励いたす（　④　）でございます。何とぞ今後とも変わらぬご支援を賜りますようお願い申し上げます。
まずは，略儀ながら書中をもってごあいさつ申し上げます。　敬具

35

難易度ランク ★★★

✓CHECK! □□□

秘書Aは上司（H商事（株）営業部長）から，得意先に持っていく手土産の菓子を買って，領収証をもらってくるようにと言われた。このような場合，Aはどのような領収証を受け取ることになるか。下の領収証の空欄①，②，③に記入されていなければいけないことを答えなさい。

No.123

領　収　証

①　様

¥ 5,400.－

但　②

令和元年6月10日　上記正に領収いたしました

内　訳

税抜金額　5,000.－

消費税額等（8％）③

新宿区高田馬場1-4-15

和菓子　松月堂　㊞

（第118回　終わり）

秘書検定 2 級

第117回

問題

試験時間 120 分

必要とされる資質

1 難易度ランク ★★★ ✓CHECK! □□□

秘書Aの上司（営業部長）は間もなく出掛けることになっている。そこへ課長が，「取引先に急ぎで契約書を届けることになったので見てもらいたい」と言ってきた。このような場合，Aはどのように対処するのがよいか。次の中から不適当と思われるものを一つ選びなさい。

1）急ぎということなので課長を上司のところに案内し，直接上司に話してもらう。
2）課長に，上司は間もなく出掛けるがどのくらい時間がかかるかと尋ねて取り次ぐ。
3）課長に，上司は間もなく出掛けるので，契約書のコピーを預かっておこうかと言う。
4）課長に，上司が出掛ける時間を伝え，短時間で済ませてもらいたいと言って取り次ぐ。
5）上司に，課長が急ぎで契約書を見てもらいたいと言ってきているがどうするかと尋ねる。

2 難易度ランク ★★ ✓CHECK! □□□

広報部長秘書Aは廊下で出会ったK氏から，「近々営業部長に会いたいのだが都合はどうか」と尋ねられた。Aは営業部から広報部へ異動になったのだがK氏はこのことをまだ知らない。今の営業部長秘書はDである。このような場合，Aは自分が異動になったことを話した後，どのように対処するのがよいか。次の中から**適当**と思われるものを一つ選びなさい。

1）K氏に，今話した通りなので後任のDに連絡してもらえないかと頼む。
2）K氏に，今回は自分が後任のDに確認するが，今後は直接Dにお願いしたいと頼む。
3）K氏に後任のDから連絡させてもらうと言っておき，このことをDに伝えて後を頼む。
4）K氏に，異動を知らせなかったことを謝り，今回は自分とDのどちらから連絡すればよいか尋ねる。

5）Dは営業部長秘書になってまだ日が浅いので，K氏には自分が営業部長に確認して連絡すると言う。

3

難易度ランク ★★★　　✓CHECK! □□□

次は秘書Aが外から会社へ電話したとき，電話に出た人に頼んだことである。中から不適当と思われるものを一つ選びなさい。

1）風邪のため欠勤することを伝えようと電話したとき，同僚が出たので上司に代わってもらった。

2）家の都合で出社が午後になることを伝えようと電話したとき，同僚が出たので上司に伝えてもらいたいと頼んだ。

3）上司から指示された仕事が終わって直帰することを伝えようと電話したとき，同僚が出たので上司に代わってもらった。

4）通勤途中，電車の遅延で出社が少し遅れることを伝えようと電話したとき，同僚が出たので上司に伝えてもらいたいと頼んだ。

5）上司から頼まれた買い物に時間がかかり，戻るのが遅くなることを伝えようと電話したとき，同僚が出たので上司に伝えてもらいたいと頼んだ。

4

難易度ランク ★★★

秘書Aは，明日10時からの部長会議の資料作成を，自分に急ぎの仕事があったので以前担当していた同僚Eに頼んでおいた。もう3時になるがEはなかなか手を付けず，今からでは今日中にできるかどうか分からない。Aの仕事は片付いた。このような場合，AはEにどのような対応をするのがよいか。次の中から**適当**と思われるものを一つ選びなさい。

1）Eに，急ぎの仕事は片付いたと言って，頼んだ仕事を戻してもらって自分で作成する。
2）Eに，そろそろ手を付けないと時間内に出来上がらないのではないかと言って催促する。
3）様子を見ていてEが取り掛かったら，自分も仕事が片付いたからと言って一緒に作成する。
4）Eに，頼んだ仕事は今日中にできそうか尋ね，できないなら早めに言ってもらいたいと言う。
5）Eは，以前担当していたため作成に要する時間も分かっているだろうから，そのままにする。

5

難易度ランク ★★★

CHECK!

総務部のAは，部長の秘書を兼務することになった。次はAが，上司の仕事の手助けや身の回りの世話をよりよくするために考えたことである。中から不適当と思われるものを一つ選びなさい。

1）初めのうちは，小まめに確認しながら仕事を進めるのがよいのではないか。
2）上司の性格を理解するまでは，上司から指示された仕事を最優先にするのがよいのではないか。
3）上司の仕事に直接関係がないことでも，知らせた方がよいと思うことは報告するのがよいのではないか。
4）上司が加入している団体の事業内容や，その団体での人間関係を知るようにするのがよいのではないか。
5）急な残業があるかもしれないので，終業時間後の私的な約束は時間に余裕を持たせるのがよいのではないか。

職務知識

6 難易度ランク ★★ ✓CHECK! □□□

秘書Aの上司（営業部長）は，営業支援のため支店に長期出張することになった。次はそのことについてAが行ったことである。中から不適当と思われるものを一つ選びなさい。

1）上司の名刺の残っている枚数を調べ，注文した。
2）支店の担当者に，上司の飲食物の好みなどを伝えた。
3）上司に，事前に支店へ送っておく資料などを確認した。
4）支店の担当者に，営業支援として上司に何を求めるかを確認した。
5）支店の担当者に，出張中の上司の主な予定を自分にも知らせてもらいたいと頼んだ。

7 難易度ランク ★★★★ ✓CHECK! □□□

秘書Aは上司から，「P社から招待を受けていたパーティーは出席で返事を出しておくように」と言われた。Aはすぐに返事を出そうとしたが，返信はがきが見つからない。このような場合，Aはどのように対処すればよいか。次の中から**適当**と思われるものを一つ選びなさい。

1）P社にメールし，返信はがきを紛失したことをわび，出席することを伝えるのがよい。
2）P社に電話し，もう一度返信はがきを送ってもらいたいと頼み，それを使って出すのがよい。
3）上司に返信はがきが見つからないと話し，どうすればよいかを尋ねて，それに従うのがよい。
4）返信はがきが見つからないのだから，代わりに郵便はがきに必要事項を記入して出すのがよい。
5）招待状に返信はがきを紛失したことのおわびと出席することを書き添えて，ファクスするのがよい。

8 難易度ランク ★★★

秘書Ａの上司は業界団体の会長をしている。今日はその団体の役員２名と打ち合わせをしているが，そろそろ６時になる。Ａは上司に呼ばれ，Ｚ亭に予約を入れるようにと指示された。Ｚ亭はこのようなときいつも利用する料亭で，車で10分くらいの所にある。次はこのとき，Ａが上司に確認したことである。中から不適当と思われるものを一つ選びなさい。

1）予約人数は３名でよいか。
2）料理は何か頼んでおくか。
3）予約時間は６時30分からでよいか。
4）一人分の予算はどのくらいにするか。
5）Ｚ亭までのタクシーの手配をしておこうか。

9 難易度ランク ★★★ CHECK!

秘書Ａの上司（部長）は取引先へ出掛けていて留守である。次はそのとき留守を預かっていたＡが行ったことである。中から不適当と思われるものを一つ選びなさい。

1）取引先の部長が転勤のあいさつに訪れたので，課長に対応をお願いした。
2）他部署の部長が，上司に貸してある資料が必要になったと言ってきたので探して返した。
3）契約書の内容を確認したいという取引先からの電話に，上司は留守なので後で連絡すると言って内容を尋ねた。
4）紹介状を持って不意に訪れた客に，上司が戻ったら連絡するので出直してもらいたいと言って紹介状を預かった。
5）他部署の部長から上司に会わせたい人がいると連絡があったので，上司の名刺を持って行き不在と話して名刺の交換だけしておいた。

10

難易度ランク ★★★　✓CHECK! □□□

次は部長秘書Aが，上司の忙しさを軽減するために心掛けていることである。中から不適当と思われるものを一つ選びなさい。

1）すぐでなくても影響がない報告は，上司の手が空いているときにまとめてするようにしている。
2）上司が忙しくしているときに回覧文書が来たら，上司用にコピーを取り，次に回すようにしている。
3）取引先からの面談申し込みは，上司に取り次ぐ前に担当者でも差し支えないか相手に尋ねるようにしている。
4）上司宛ての郵便物を上司に渡すとき，Aに処理できそうなものがあればそのことを申し出るようにしている。
5）代理出席でも構わない懇親会やパーティーなどの案内が届いたときは，代理を立てようかと提案するようにしている。

一般知識

11

難易度ランク ★★　✓CHECK! □□□

次は雇用に関する用語の説明である。中から不適当と思われるものを一つ選びなさい。

1）「年俸制」とは，1年を単位として報酬を支払う制度のことである。
2）「年功序列」とは，従業員の年齢や勤続年数に応じて地位や賃金が上がることである。
3）「早期退職制度」とは，退職金などの給付内容を優遇し，定年前に退職を促す制度のことである。
4）「終身雇用」とは，従業員が希望すれば定年後も延長して働くことができる雇用形態のことである。
5）「ハローワーク」とは公共職業安定所の愛称で，職業紹介や失業給付などを行う行政機関のことである。

12

難易度ランク ★

CHECK!

次は用語とその意味（訳語）の組み合わせである。中から不適当と思われるものを一つ選びなさい。

1）ビジター　＝　訪問者
2）ビギナー　＝　初心者
3）モニター　＝　作成者
4）ユーザー　＝　使用者
5）オーナー　＝　所有者

13

難易度ランク ★★★

CHECK!

次の中から間接税ではないもの（直接税）を一つ選びなさい。

1）酒税
2）関税
3）印紙税
4）ガソリン税
5）復興特別所得税

マナー・接遇

14

難易度ランク ★★★★

CHECK!

営業部で部長秘書を兼務しているAは上司の指示で，得意先のY氏にパンフレットを届けて新製品の説明をしてくることになった。そこでY氏を訪ねたところ，「外出しているが，このことは分かっているのですぐに戻るはず」と取り次ぎの人から言われた。30分待ったがY氏は戻らない。この場合Aは，取り次ぎの人にどのように対応するのがよいか。次の中から**適当**と思われるものを一つ選びなさい。

1）改めて連絡するがY氏に渡してもらいたいと言って，パンフレットと名刺を渡す。
2）改めて来るのでY氏の都合のよい日時を連絡してもらいたい，と頼んで名刺を渡す。
3）他の用事を済ませて後でまた来るので，Y氏が戻ったら伝えておいてもらいたいと頼む。
4）名刺とパンフレットを預け，後でY氏に伝えてもらいたいと言って新製品の説明をする。
5）Y氏が忙しいのなら，このことが分かる他の人に説明させてもらいたいがどうかと尋ねる。

15

難易度ランク ★★★　✓CHECK! □□□

次の「　　」内は，秘書Aの上司に対する言葉遣いである。中から不適当と思われるものを一つ選びなさい。

1）昼食は何にするかを聞くとき
「ご昼食は何になさいますか」
2）帰社の予定時間を聞くとき
「お帰りは何時ごろでしょうか」
3）この資料を見てもらいたいとき
「こちらの資料にお目通りいただけますか」
4）体調を崩して休んでいた上司が出社したとき
「お体の具合は，もうよろしいのでしょうか」
5）報告しようとするとき
「ご報告いたしたいのですが，ただ今よろしいでしょうか」

16

難易度ランク ★★★　✓CHECK! □□□

秘書Aは上司から，「友人が会社を辞めて新しく店を開くことになったので，お祝いに何か贈っておいてもらいたい」と言われた。次はこのときAが上司に尋ねたことである。中から不適当と思われるものを一つ選びなさい。

1）どのような店で開店はいつか。
2）贈り主名はどのようにするか。

3）届け先は新しく開く店でよいか。
4）店内に長く飾れる蘭（らん）の花はどうか。
5）今後の参考に記録を残してもよいか。

17

難易度ランク ★★

✓CHECK! □□□

秘書Aは，職場で周りの人とよい関係を保つために，先輩Cの話し方を見習うことにした。次はAが観察したCの話しぶりである。中から不適当と思われるものを一つ選びなさい。

1）同じ部署で親しい間柄の人であっても，なれなれしい話し方はしないようにしているようだ。
2）Cが先輩として指導する後輩には，上司が部下に指示するような話し方をしているようだ。
3）いつも来る顔なじみの人であっても，来客には改まった口調で話すことを心掛けているようだ。
4）先輩や上司などCより目上の人には，それを意識して敬語を使った話し方をしているようだ。
5）給湯室などで他部署の同僚と仕事以外の話をするときは，砕けた調子の話し方をしているようだ。

18

難易度ランク ★★★

✓CHECK! □□□

次は秘書Aが，上司の代理で葬儀（仏式）に参列したとき行ったことである。中から不適当と思われるものを一つ選びなさい。

1）洋服は黒色のスーツにし，アクセサリーは特に何も着けなかった。
2）受付でふくさから香典を出して渡すとき，「このたびはご愁傷さまでした」と言った。
3）会葬者芳名録には上司の名前の横に自分の名前を書き，その下に（代）と書いた。
4）上司に報告できるよう，参列者や葬儀の様子をさりげなく観察した。

5）焼香を済ませた後は，出棺を待たずに帰社した。

19 難易度ランク ★★★ ✓CHECK!

秘書Aは，上司（営業本部長）のM支店への出張に同行した。帰る日に，上司と親しい支店長が運転する車で駅まで送ってくれることになり，途中，観光名所のM城に寄ることになった。次はそのときのAの一連の行動である。中から不適当と思われるものを一つ選びなさい。

1）支店長が運転する車では，上司が支店長の隣の助手席に座ったので，Aは上司の後ろの席に座った。
2）M城の駐車場に着いたとき，急いで車から降りて上司側のドアを開けた。
3）M城までは，支店長の説明を歩きながら上司と一緒に聞いた。
4）M城の入城料は支店長が払ってくれたので，後で精算させてもらうので領収書を預かると言った。
5）駅では，見送ってくれた支店長に上司と一緒にあいさつをしたが，改札口を通った後Aは振り向いてもう一度会釈をした。

20

難易度ランク ★★★ ✓CHECK! □□□

秘書Aの上司は，外部から参加者を招いて昼食を挟んだ会議を行った。次はこのときAが，昼食の出し方として新人に教えたことである。中から不適当と思われるものを一つ選びなさい。

1）幕の内弁当は，ふたをしたままご飯が手前になるように置く。
2）袋に入った割り箸は，持つ方を右にして弁当の手前に置く。
3）ビニール袋に入ったお絞りは，割り箸の手前に置く。
4）吸い物は，ふたをしたまま弁当の右奥に置く。
5）お茶は，茶たくに載せて，弁当の左に置く。

21

難易度ランク ★★ ✓CHECK! □□□

秘書Aは，入院した上司（部長）を見舞いに行く課長に同行することになった。次はこのときAが順に行ったことである。中から不適当と思われるものを一つ選びなさい。

1）課長に，見舞品などについて指示してもらえれば，自分が用意すると言った。
2）上司の家族に電話をして，課長と見舞いに行くこととその日時を伝えた。
3）そのとき，上司が仕事のことで何か話していなかったか尋ねた。
4）上司から何か指示があるかもしれないので，メモを取れるように準備した。
5）見舞いに行くときの服装は，特に気を使わず普段着ているスーツにした。

22

難易度ランク ★★

✓CHECK! □□□

秘書Aは上司（山田部長）から，「取引先から頼まれ事があったが忙しいので今は引き受けられない。来月以降ならできそうだが取りあえず断っておいてもらいたい。自分も後で電話する」と言われた。このような場合，どのように言って断るのがよいか。次の中から不適当と思われるものを一つ選びなさい。

1）「仕事に切りがつかないので，今月はお引き受けできないと山田が申しております」
2）「立て込んでおりまして今はお引き受けできませんが，来月以降ならできそうとのことでございます」
3）「来月以降ならお引き受けできそうだと申しつかりました。後ほど山田からお電話させていただきます」
4）「詳しいことは私には分かりかねますが，取りあえずお断りさせていただきたいと山田が申しております」
5）「後ほど山田からお電話いたしますが，今は時間がないのでお断りさせていただきたいとのことでございます」

23

難易度ランク ★★

✓CHECK! □□□

次は秘書Aが電話応対のときに心掛けていることである。中から不適当と思われるものを一つ選びなさい。

1）話す内容が複雑なときは，相手にメモを取らなくてよいかを確かめてから話すようにしている。
2）伝言を受けたときは内容を復唱し，自分の名前を名乗って確かに伝えると言うようにしている。
3）待ってもらう時間が長くなりそうなときは，こちらからかけ直すと言って切るようにしている。
4）間違い電話がかかってきたときは，間違いのようだと言ってこちらの番号を言ってあげるようにしている。
5）こちらからかけた電話が途中で切れてしまったときは，原因が相手のミスであってもこちらからかけ直すようにしている。

技 能

24 難易度ランク ★★ ✓CHECK! □□□

次は秘書Aが，上司宛ての郵便物を上司に渡すときに行ったことである。中から<u>不適当</u>と思われるものを一つ選びなさい。

1）取引先から事務所移転の通知が届いたので，取引先名簿を訂正してから渡した。
2）封筒の表に至急と書いてあったので，開封せず他の郵便物の上に載せて渡した。
3）上司が取材を受けた業界誌の掲載号が届いたので，掲載ページに付箋を付けて渡した。
4）社名が印刷された封筒だったが，裏に個人の住所氏名が書いてあったので開封せずに渡した。
5）取引先の創立記念祝賀会の招待状が届いたので，当日の上司の予定を書いたメモを添えて渡した。

25 難易度ランク ★★★★ ✓CHECK! □□□

秘書Aは上司から，「T社の木村部長の母親が亡くなったので，弔電を打ってもらいたい。電文は一般的なものでよい」と指示された。T社は取引先で，木村部長は上司の友人でもある。次はAが，弔電を打つに当たって行ったことである。中から<u>不適当</u>と思われるものを一つ選びなさい。

1）T社に，喪主の氏名と故人との続柄を尋ねた。
2）T社に，通夜，告別式の日時と場所を確認した。
3）上司に，台紙の希望があるかどうかを確認した。
4）上司に，通夜と告別式のどちらへ打てばよいか確認した。
5）上司に，発信者（上司）の社名や肩書をどうするか尋ねた。

26

難易度ランク ★★

✓CHECK! □□□

人事部の兼務秘書Aは，人事部が行う研修で外部講師の世話係を担当することになった。次はAが，事前に講師に確認したことである。中から不適当と思われるものを一つ選びなさい。

1）随行者はいるか。
2）会場への到着は何時ごろの予定か。
3）資料の配布は開始前にしてよいか。
4）資料の予備は何部用意すればよいか。
5）資料の他にこちらで用意しておくものはあるか。

27

難易度ランク ★★★

✓CHECK! □□□

次は「印」についての説明である。中から不適当と思われるものを一つ選びなさい。

1）「封印」とは，むやみに開けられないように，封じ目に押す印のことである。
2）「訂正印」とは，追加や修正したことを証明するときに押す印のことである。
3）「消印」とは，収入印紙や切手などに使用済みの証しとして押す印のことである。
4）「公印」とは，市役所などに印影登録をしておき，重要書類などに押す印のことである。
5）「捨て印」とは，訂正などの場合を考えて，あらかじめ欄外に押しておく印のことである。

28

難易度ランク ★

✓CHECK! □□□

営業部長秘書Aは毎朝読む新聞の中から，上司の役に立ちそうな記事などを情報として提供している。次はその例である。中から不適当と思われるものを一つ選びなさい。

1）関係者の訃報。
2）時事用語の解説。
3）業界の動向に関すること。
4）関係する会社の役員人事。
5）関係する新製品の紹介記事や広告。

29

難易度ランク ★★

✓CHECK! □□□

秘書Aは，上司が受け取った名刺の整理を名刺整理箱で行っている。次はその整理の仕方である。中から不適当と思われるものを一つ選びなさい。

1）名刺には，受け取った日付と用件をメモして収納している。
2）部署や役職などの変更が分かったら，その名刺を訂正している。
3）使わなくなった名刺は，専用の保管ケースに別に収納している。
4）上司の友人などの私的な名刺は，仕事上の名刺とは別に整理している。
5）同じ人からまた名刺を受け取ったら，古い名刺は抜いて差し替えている。

30

難易度ランク ★★★★

✓CHECK!

次は秘書Aが後輩に，社交文書について教えたことである。中から**適当**と思われるものを一つ選びなさい。

1）社交文書は儀礼的なものなので，文書番号は書かない。
2）社交文書でも横書きの場合，数字は全て算用数字で書く。
3）わび状は，何をおいてもまず迷惑を掛けたことを謝るため，前文を省く。
4）悔やみ状は，深く弔意を表すために，頭語を「拝啓」ではなく「謹啓」にする。
5）役員交代のあいさつ状は，ビジネス上のことなので，頭語を「前略」，結語を「草々」にする。

31

難易度ランク ★★★

✓CHECK!

次は秘書Aが，他部署に公開している上司（人事部長）のスケジュール表に記入した予定である。中から不適当と思われるものを一つ選びなさい。

1）社員研修講師Ｕ氏来社
2）Ｘ社との会食（Ｎ課長同席）
3）人間ドック受診（直行直帰）
4）新卒採用会社説明会（Ｗホテル）
5）同窓会打ち合わせ（Ｇ氏，Ｓ氏来社）

記述問題

マナー・接遇

32 難易度ランク ★★★ ✓CHECK!

次の「　　」内は，秘書Aが部下と立ち話をしている上司（部長）に，予約客（田中氏）が来たと伝えたときの言葉遣いであるが，不適切な部分が３カ所ある。不適切な部分に下線を引き，その下に適切な言葉を書きなさい。

「話の最中に申し訳ございません。約束の田中様がいらっしゃいまし

たので，応接室にお連れいたしました」

33 難易度ランク ★★★ ✓CHECK!

次のように金品を贈る場合，祝儀袋などの上書きはどのように書けばよいか。それぞれ漢字で（　　）内に答えなさい。

1）結婚する同じ部署の先輩に（「御祝」以外）
2）お祝いをくれた人へのお返しに
3）研修の礼を現金で講師に渡すときに

1）（　　　　　　　　　　　　　　　）

2）（　　　　　　　　　　　　　　　）

3）（　　　　　　　　　　　　　　　）

技　能

34 難易度ランク ★★★★ ✓CHECK! □□□

次の物を送るときの適切な郵送方法を，（　　）内に答えなさい。

1）請求書
2）商品券（1万円分）
3）悔やみ状を添えた香典

1）（　　　　　　　　　　　　　　　　　　　　）

2）（　　　　　　　　　　　　　　　　　　　　）

3）（　　　　　　　　　　　　　　　　　　　　）

35 難易度ランク ★★ ✓CHECK! □□□

S研究所が「○○○という言葉の使い方」について調査した。2010年には正しいと思うは30%，間違いだと思うは70%だったが，2018年には逆転して，正しいと思うは70%，間違いだと思うは30%だった。このように変わったことを，分かりやすいグラフにしなさい（定規を使わないで書いてよい）。

（第117回　終わり）

秘書検定 2 級

第 116 回

問題

試験時間 120 分

必要とされる資質

1 難易度ランク ★★★ ✓CHECK!

秘書Aの上司は近くのクリニックへ行っていて，あと30分ほどで戻ってくる。戻ったら外出の予定である。そこへK社のL氏からの紹介状を持った客が上司を訪ねてきた。K社はAの会社の取引先である。このような場合，Aはこの客にどのように対応するのがよいか。次の中から**適当**と思われるものを一つ選びなさい。

1）紹介状を預かり，上司の空いている日時を伝えて出直してもらう。
2）用件を尋ね，それによってクリニックに電話をし，上司を呼び出してもらって指示を得る。
3）上司は30分ほどで戻りその後外出してしまうが，待っていて名刺だけでも渡したらどうかと言う。
4）上司は外出しているので，用件によってはK社の担当者が話を聞くこともできるがどうするかと尋ねる。
5）L氏からは何も聞いていないので，L氏に確認させてもらうと言って待ってもらい，それによって対応する。

2

難易度ランク ★★　✓CHECK! □□□

次は営業部長秘書Aが上司に伝えたことである。中から不適当と思われるものを一つ選びなさい。

1）部員Uの退職のうわさについて上司に尋ねられたとき，うわさはあるようだと伝えた。
2）指示された仕事が期限に間に合いそうもなかったので，残業して仕上げたいと上司に伝えた。
3）上司に指示された仕事が終わったことを報告したとき，すぐに次の仕事に取り掛かると伝えた。
4）今度配属された新人はミスが多いと係長が話しているのを聞いたので，そのことを上司に伝えた。
5）社内の廊下で他部署の部長と出会ったときに上司の明日の予定を聞かれたので，そのことを上司に伝えた。

3

難易度ランク ★★★　✓CHECK! □□□

秘書Aが上司から指示されて手紙を清書していたところ，たまたま先輩が目に留めて，「古稀」は一般的ではないので「古希」と書く方がよいのではと言う。このような場合，Aはどのように対処するのがよいか。次の中から不適当と思われるものを一つ選びなさい。

1）辞書で調べて，間違いではないのでそのままにしておく。
2）先輩に言われた通りに直して，後で上司にそのことを報告する。
3）先輩に，上司が書いた手紙の清書だがどうしたらよいか相談する。
4）上司には上司の考えがあって書いたのだろうから，そのままにしておく。
5）上司に，「古稀」は一般的に「古希」と書くようだが，このままでよいかと尋ねる。

4 難易度ランク ★★★ ✓CHECK! □□□

次は秘書Aが，自分の仕事が立て込んでいたときに後輩Bに頼んだことである。中から不適当と思われるものを一つ選びなさい。

1）明日の部内会議で配布する資料の原稿を渡し，人数分のコピーとセットを頼んだ。
2）上司の個人的なことで外出する用事を，内容は口外しないようにと言って頼んだ。
3）不意の来客があったら，「立て込んでいる」と言って今日の面会は断るように頼んだ。
4）取引先を招いて行った会議のお茶は，出すときは二人で一緒に出したが後片付けは頼んだ。
5）上司から，経済雑誌をN部長から借りてくるように言われたとき，借りてきて上司に届けるところまでを頼んだ。

5 難易度ランク ★★★★

新人秘書Aは同僚Bと，相手によい印象を与えるにはどのようなことを心掛ければよいか，次のように話し合った。中から不適当と思われるものを一つ選びなさい。

1）相手が誰であっても礼儀正しく接するのがよいのではないか。
2）身なりは，適度に流行も取り入れて整えるのがよいのではないか。
3）他部署に行くときなどは，忙しくないときでもきびきびとするのがよいのではないか。
4）話の仕方に気を使い，温かみの感じられる言い方で受け答えをするのがよいのではないか。
5）来客などを取り次ぐときは，落ち着いた態度でゆったりと振る舞うのがよいのではないか。

職務知識

6 難易度ランク ★★ ✓CHECK! □□□

秘書Aの上司（営業部長）は，昼には出社する予定で取引先に直行している。そこへ，「部長に出席をお願いした今日2時からの企画会議が，1時30分に変更になった」と会議の担当者から連絡が入った。上司は1時から来客との面談が入っている。このような場合，Aはどのように対処するのがよいか。次の中から不適当と思われるものを一つ選びなさい。

1）会議の担当者に，上司は1時に予定が入っているが，時間の変更のことは伝えておくと言う。
2）会議の担当者に，上司は外出中で昼には出社する予定なので，戻り次第確認するがよいかと言う。
3）会議の担当者に，上司の携帯電話にメールで連絡するので，確認に少し時間がかかるかもしれないと言う。
4）会議の担当者に上司の予定を話し，場合によっては途中から出席することになるかもしれないと言っておく。
5）会議の担当者に承知したと言って，予約客には急用で30分しか時間が取れなくなったがよいかと電話で尋ねておく。

7 難易度ランク ★★ ✓CHECK! □□□

秘書Aのところへ，入院中の上司から「明日退院する」という電話が入った。次はそのときAが上司に尋ねたことである。中から不適当と思われるものを一つ選びなさい。

1）出社の予定はいつごろになるか。
2）退院するとき手伝いは必要ないか。
3）精算などで所持金に不足はないか。
4）会社では退院を誰に知らせておくか。
5）出社までに用意しておくものがあるか。

8　難易度ランク ★　✓CHECK!

次は秘書Aが，長期の出張から戻った上司（部長）に対して行ったことである。中から不適当と思われるものを一つ選びなさい。

1）上司の代わりを務めた課長の仕事ぶりを話し，それでよかったかを確認した。
2）面会申し込みを受け付けておいたものがあったので，上司と調整して決めた。
3）留守中の電話の報告をし，返事を保留にしておいたものについて指示を仰いだ。
4）郵便物や社内文書を渡すとき，まずは急ぐものをまとめて渡し，先に目を通してもらった。
5）報告事項はメモにして渡し，メモだけでは分かりにくいと思われるものは，後から口頭でも説明した。

9　難易度ランク ★★★　✓CHECK!

次は秘書Aが，上司の手助けをするために心掛けていることである。中から不適当と思われるものを一つ選びなさい。

1）社内の親睦会などには積極的に参加し，他部署との交流を持つようにしている。
2）上司の私的な交際や会合などのことも，できるだけ知っておくようにしている。
3）新聞の経済面に目を通し，自社が属する業界の動向について知っておくようにしている。
4）仕事は秘書の役割を意識して上司の指示で行うが，日常的なことは自分の判断でしている。
5）上司の留守中に上司の代わりをすることもあるが，あくまでも秘書としての範囲を意識している。

10 難易度ランク ★★★ ✓CHECK! □□□

秘書Aは取引先へ出掛ける上司から，そのまま帰宅するが，今日中にF社のM部長にこの資料を届けてもらいたいと指示され，届けに行った。終えたのは終業時間少し前だったので，会社に連絡をしてそのまま帰宅した。しかし翌日上司から，「昨日，頼みたい用事があって会社に戻ったら君がいなくて困った」と言われた。次はAが上司にわびた後の対応である。中から**適当**と思われるものを一つ選びなさい。

1）「その用事は，今からでも間に合うのなら指示してもらえないか」と頼む。
2）「自分以外の誰か他の人に頼んで処理してもらえなかったのか」と尋ねる。
3）「頼む用事を思い出したときは，すぐに会社へ連絡を入れてもらえないか」と頼む。
4）「届け終えたのは終業時間少し前だったが，これからは帰社した方がよいか」と尋ねる。
5）「今後このようなときは，携帯に電話して帰宅してよいか確認するのがよいか」と尋ねる。

一般知識

11 難易度ランク ★ ✓CHECK! □□□

次は，秘書Aが先輩から聞いた話である。中から下線部分の用語の使い方が<u>不適当</u>と思われるものを一つ選びなさい。

1）「広報部長が<u>依願退職</u>されるそうよ。健康上の理由でということらしいわ」
2）「今度の人事異動では，課長クラスの誰かが関連会社に<u>出向</u>になるらしいわよ」
3）「人事課のRさん，<u>ヘッドハンティング</u>されて，今，就職先を探しているそうよ」
4）「部長から<u>リストラ</u>の計画がなくなったと聞いたけど，業績は上がっているのかしら」
5）「業務内容見直しのメールがあったけれど，<u>アウトソーシング</u>でも考えているのかしら」

12 難易度ランク ★★ ✓CHECK! □□□

次の「　　」内は，下のどの用語の説明か。中から**適当**と思われるものを一つ選びなさい。

「その企業の金融面で，最も多額の融資を引き受けている銀行」

1）中央銀行
2）都市銀行
3）メガバンク
4）ノンバンク
5）メインバンク

13

難易度ランク ★　　✓CHECK! □□□

次は用語とその意味（訳語）の組み合わせである。中から不適当と思われるものを一つ選びなさい。

1）チャート　＝　図表
2）アカウント　＝　代案
3）アセスメント　＝　評価
4）アクシデント　＝　事故
5）フォーマット　＝　形式

マナー・接遇

14

難易度ランク ★★★　　✓CHECK! □□□

秘書Aの上司（営業部長）は，得意先の担当者とその上役を接待することがあるが，そのときの手配はAがしている。次は手配をするときAが配慮していることである。中から不適当と思われるものを一つ選びなさい。

1）得意先の上役に電話をして，接待のことを伝えて日にちの希望を尋ねている。
2）得意先の担当者に，上役の食事の好みを尋ねている。
3）店は上司に決めてもらうが，親しみやすさより高級感がある店を候補に挙げている。
4）帰りの車の手配については，あらかじめ店に確認しておくようにしている。
5）手土産は，個人が好む物や家族に喜ばれる物を用意するようにしている。

15

難易度ランク ★★★

✓CHECK!

次は秘書Aが，上司（部長）に対して言ったことである。中から言葉遣いが不適当と思われるものを一つ選びなさい。

1）「こちらの書類をご覧くださいませんか」
2）「常務が部長をお捜しになっていらっしゃいました」
3）「課長が会議にご出席いただけないかとおっしゃっていました」
4）「本部長は10時ごろお戻りになられるとご連絡がございました」
5）「ご予約のお時間より早いのですがW様を応接室にご案内いたしました」

16

難易度ランク ★★★

✓CHECK!

次は，秘書Aが会社の創立記念パーティーで受付を担当したときに行ったことである。中から不適当と思われるものを一つ選びなさい。

1）受付で招待状を出されて受け取るとき，「恐れ入ります。いつもお世話になっております」と言った。
2）受け付けて招待状を返すとき，「本日はお忙しい中をありがとうございます」と言った。
3）大きな荷物を持っていた人に，「お食事に差し支えますので，お荷物はクロークにお預けくださいませ」と言った。
4）パーティーが始まり受付の周辺に人がいなくなったが，そのまま立っていて前を通る人には会釈した。
5）遅れて来た人は会場の入り口まで案内し，ドアを開けて「どうぞ」と言って入ってもらった。

17

難易度ランク ★★★　✓CHECK! □□□

山田総務部長の秘書Aが総務部の直通電話に出ると，相手は「鈴木部長さんをお願いしたい」と言う。鈴木は営業部長である。このような場合Aは，電話の相手にどのように言うのがよいか。次の中から不適当と思われるものを一つ選びなさい。

1）「鈴木は営業部長ですが，鈴木でよろしいでしょうか」
2）「鈴木は営業部長でして，このお電話は総務部にかかっておりますが」
3）「こちらは総務部でございますが，営業部長の鈴木でございましょうか」
4）「鈴木は営業部長ですが，総務部長の山田とお間違いではございませんか」
5）「このお電話は総務部にかかっております。鈴木は営業部でございますが」

18 難易度ランク ★ ✓CHECK! □□□

秘書Aの上司が取締役に就任し，関係者などから祝いの品が贈られてきた。次はAが，届いた品について記録した項目である。中から不適当と思われるものを一つ選びなさい。

1）品物。
2）受取日。
3）上書き。
4）贈り主の会社名。
5）贈り主の氏名，役職名。

19 難易度ランク ★★ ✓CHECK! □□□

次は秘書Aが，話をするときに心掛けていることである。中から不適当と思われるものを一つ選びなさい。

1）砕けた話し方をしてもよいと思われる内容のときは，相手に応じてそのようにしている。
2）話の途中で腰を折られ本題からそれてしまったときは，自分から元へ戻すようにしている。
3）相手の年齢や親疎の差などで，ふさわしくないと思うことは話題にしないようにしている。
4）話の途中でも，相手の表情や受け答えなどから興味がなさそうだと思ったら，話題を変えるようにしている。
5）難しい言葉は避けるようにしているが言ってしまったときは，その言葉の意味は分かるか尋ねるようにしている。

20 難易度ランク ★★ ✓CHECK! □□□

営業部で部長秘書を兼務しているAは，上司に同行してY社を訪問した。次はそのときのAの一連の行動である。中から不適当と思われるものを一つ選びなさい。

1）応接室に通されたとき，上司と共に奥の椅子を勧められたので，Aは上司の隣に座った。

2）商談で使う書類をかばんから出し，テーブルの上に置いて担当者を待った。

3）Y社の担当者が初対面のAに名刺を出してあいさつをしようとしたので，Aも名刺を出してあいさつを交わした。

4）お茶を出されたとき既に商談は始まっていたが，小声で礼を言って頭を下げた。

5）商談が終了し退室するときY社の担当者がドアを開けてくれたので，「代わります」と言ってAがドアを押さえた。

21 難易度ランク ★★★ ✓CHECK! □□□

秘書Aは同僚Bから，「課長に業務の改善を提案したが，その後先輩Cとの関係がぎくしゃくするようになった」と相談された。次はこのときAがBに言ったことである。中から不適当と思われるものを一つ選びなさい。

1）業務の改善を提案したことが，Cの仕事の仕方への批判と受け取られたのではないか。

2）Cに相談なく業務の改善を提案したので，先輩を出し抜いたと思われたのではないか。

3）関係がぎくしゃくするようになったのには何か理由があるのだろうから，Cに直接尋ねてみたらどうか。

4）今の仕事の仕方はCたち先輩の工夫の結果なのに，提案の仕方がそれを無視したものだったのではないか。

5）改善の提案は今までの仕事の仕方が不十分だと指摘することだから，Bのすることではなかったのではないか。

22

難易度ランク ★★★★　✓CHECK!

秘書Aは上司（営業部長）が長期出張中，上司が懇意にしている取引先の部長が亡くなったとの連絡を受けた。次はこのときAが，出張中の上司に電話で確認したことである。中から不適当と思われるものを一つ選びなさい。

1）課長に，告別式への代理参列を頼むがよいか。
2）香典や供花などは，前例に従って手配するがよいか。
3）社内の関係部署には連絡したが，他に連絡するところはあるか。
4）葬儀などに関する詳細を宿泊先にファクスで送っておこうか。
5）弔電を，会社からのものとは別に上司の個人名でも手配するがよいか。

23

難易度ランク ★★★　✓CHECK!

次は秘書Aの，上司を訪ねてきた客への応対である。中から不適当と思われるものを一つ選びなさい。

1）郷里の友人と名乗る不意の客に，よければ用件を聞かせてもらいたいと言った。
2）時間に遅れて来た予約客が電車の遅延でと言ったので，上司に取り次ぐときそのことを話した。
3）不意に訪れた取引先の人に，確認してくるので少し待ってもらいたいと言って椅子に座ってもらった。
4）電話で面会の予約を受けていた客だが来社は初めてだったので，名刺をもらいたいと言って預かった。
5）前に来社したことがあって名前が分かっている客だったので，こちらから先に相手の名前を言って迎えた。

技 能

24

難易度ランク ★　　✓CHECK! □□□

秘書Aの上司が１週間出張することになった。宿泊するのは初めて利用するホテルである。次はAが，その予約をしたときに行ったことである。中から不適当と思われるものを一つ選びなさい。

1）朝食の時間と形式について確認した。
2）滞在中に上司が部屋を空ける時間を伝えた。
3）予約を受け付けた担当者の名前を確認した。
4）事前に送る荷物は部屋に入れておいてほしいと頼んだ。
5）宿泊者は上司だが，連絡先として会社名と電話番号，Aの名前を伝えた。

25

難易度ランク ★★　　✓CHECK! □□□

次は，電子メールについて述べたものである。中から不適当と思われるものを一つ選びなさい。

1）誰にいつ何を送信したかの履歴が残るので，後から確認ができる。
2）添付ファイルを安全に送るためには，パスワードを付けるとよい。
3）相手がすぐに見てくれるとは限らないので，急用のときは電話の方が確実でよい。
4）あいさつ状や式典の招待状などを添付して，複数の人に同時に送ることができてよい。
5）受信したメールに添付されている画像やデータは，別に保存して加工することができる。

26

難易度ランク ★　✓CHECK!

秘書Aは上司から，「書店に注文した書籍が入荷したそうなので受け取ってきてもらいたい。仕事の資料なので領収書をもらうように」と言われた。次は，そのときもらった領収書に不備はないか，確認したことである。中から不適当と思われるものを一つ選びなさい。

1）Aの会社名。
2）書籍の注文日。
3）領収書の発行日付。
4）書店名と書店の印。
5）金額とただし書き（「書籍代として」）。

27

難易度ランク ★★　✓CHECK!

次は部長秘書Aが，上司の予定表の作成や管理に関して行っていることである。中から不適当と思われるものを一つ選びなさい。

1）月間予定表は，社内で上司の行動を知る必要がある関係先へ配っている。
2）その日の予定に変更があったときは，課長には口頭で伝えるようにしている。
3）年間予定表は社内の誰が見ても分かるように，なるべく細かく書くようにしている。
4）取引先からの面談希望があったときは，確定するまでは（仮）として記入している。
5）個人的な予定であっても，時間によっては「外出」などと予定があることを記入している。

28

難易度ランク ★★★　　✓CHECK! □□□

次は秘書Aが，「秘」扱い文書を関係者に配布したときに行ったことである。中から<u>不適当</u>と思われるものを一つ選びなさい。

1）文書に「秘」の印を押して，通し番号を付けた。
2）番号と配布先名を文書受渡簿に控えた。
3）封入する前に，封筒に配布先を書いて，「親展」のスタンプを押した。
4）本人に直接渡すために，秘扱い文書を持って行くことを自席の内線電話で伝えた。
5）渡すときは封筒のまま渡し，受領印をもらった。

29

難易度ランク ★★　　✓CHECK! □□□

次は秘書Aが書いた手紙の前文である。中から<u>不適当</u>と思われるものを一つ選びなさい。

1）拝啓　貴社ますますご発展のこととお喜び申し上げます。
2）謹啓　貴殿ますますご健勝のこととお喜び申し上げます。
3）前略　時下ますますご隆盛のこととお喜び申し上げます。
4）拝復　貴社ますますご繁栄のこととお喜び申し上げます。
5）拝啓　貴殿ますますご清祥のこととお喜び申し上げます。

30

難易度ランク ★★　　✓CHECK! □□□

次は，文書名と直接関係ある用語の組み合わせである。中から<u>不適当</u>と思われるものを一つ選びなさい。

1）進退伺　——　転勤
2）請求書　——　代金
3）稟議書　——　起案
4）委任状　——　代行
5）督促状　——　未納

31

難易度ランク ★★★　✓CHECK! □□□

次は秘書Aが，文書を送るときに配慮したことである。中から<u>不適当</u>と思われるものを一つ選びなさい。

1）祝い事に関するものだったので，普通切手ではなく慶事用の切手を貼って送った。
2）S支店の社員全員に配布してもらうため文書を30部送ったとき，封筒の宛て名は「S支店社員各位」にした。
3）文書を封筒に入れて重さを量ったところ送料の変わる境目に近かったので，念のため次の重さの送料で送った。
4）受取人から出張中なので来週でいいと言われていたとき，Aとしても急いでいなかったので出社に合わせて送った。
5）A4判の文書10枚を三つ折りにして定形最大の封筒で送ることもできるが，受取人のことを考えて折らずに角形の封筒で送った。

記述問題

マナー・接遇

32

難易度ランク ★★　✓CHECK! □□□

次の「　　」内は，お父様が亡くなった人への弔電の文例である。（　　）内にそれぞれどのような言葉を入れればよいか。その言葉を答えなさい。

「（　a　）様のご逝去を悼み，謹んで（　b　）申し上げますとともに，

（　c　）ご冥福を（　d　）いたします」

a（　　　　　　　　）　b（　　　　　　　　）

c（　　　　　　　　）　d（　　　　　　　　）

33 難易度ランク ★★ ✓CHECK! □□□

次のような場合の席順は，一般的にどうなるか。それぞれの(　　)内に，番号を書き入れて答えなさい。

1）新幹線で，①部長，②課長，③秘書の３人で出張するとき。

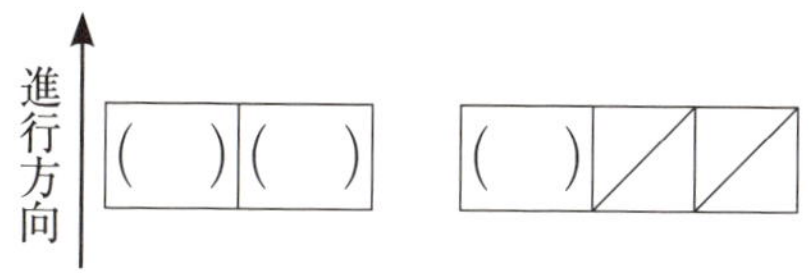

2）自分の会社の応接室で，来客と部長，課長との商談に①秘書が同席するとき。

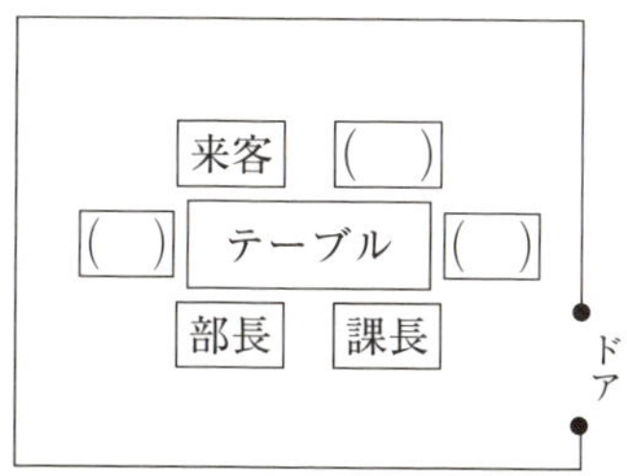

3）タクシーで，①部長と②秘書が二人で外出するとき。

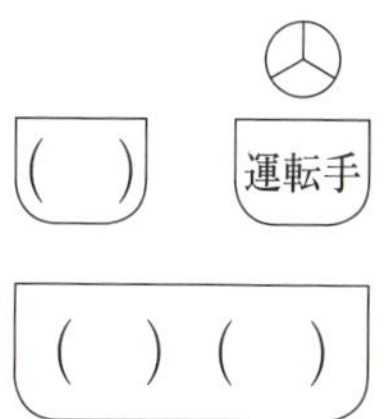

技能

34

難易度ランク ★★★★　　✓CHECK!

次の下線部分を，手紙の慣用語に直して（　　）内に答えなさい。

1）まずは，ひとまず用件のみ申し上げます。
2）略式だが書中をもってごあいさつ申し上げます。
3）最後になるが，皆さまのご多幸をご祈念申し上げます。

1）（　　　　　　　　）
2）（　　　　　　　　）
3）（　　　　　　　　）

35

難易度ランク ★★　　✓CHECK!

次の統計をグラフにする場合，どのようなグラフにしたらよいか。一つずつ答えなさい。

1）製品別売上高。
2）顧客満足度調査の結果。
3）過去10年間の年間残業時間数の推移。
4）平成30年4月1日現在の部署別男女社員数。

1）（　　　　　　）　2）（　　　　　　）
3）（　　　　　　）　4）（　　　　　　）

（第116回　終わり）

付録

秘書検定２級の基本内容を
ポイント整理してあります。

秘書検定２級

要点整理

速習対応

必要とされる資質

1 秘書として仕事をするときの心構え

- 秘書は上司の陰の力となって働くことが役目と自覚する。
- 上司をよく理解した上で仕事をする。
- 秘書は人と人との間に立つ存在であるから，どのような人ともよい人間関係をつくる。
- 業務上知り得た秘密は絶対に守る。

基礎知識

1．秘書の立場を自覚する

秘書の本来の役割は，上司が本来の業務に専念できるように，こまごまとした仕事を引き受け，上司の陰の力となって働くところにあります。従って上司に代わって仕事をしていても，それはあくまでも，代行ではないことを自覚すべきです。

2．上司を理解する

上司と秘書は表裏一体の関係です。それだけに上司と秘書との信頼関係は重要になってきます。信頼される秘書になるためには，上司の仕事や行動，環境などに興味･関心を持って理解を深める努力が求められます。飲み物から始まって仕事の処理の仕方まで，あらゆることについて上司の好みや方法を知ることで秘書業務の質も向上し，上司も満足するでしょう。

3．よい人間関係をつくる

秘書は職場において人と人との間に立つ存在です。従って，どのような人ともいろいろな事柄について話ができる，豊かな人間性を備えていなければなりません。また立場上，どうしても一般社員との接触は限られますが，多くの人が集まる機会にはなるべく参加し，ネットワークをつくっておくことも大切です。

4．機密を守る

上級秘書になるほど，企業のトップにつきますから，付随して機密事項に触れる機会も多くなります。上級秘書に限らず，それらの機密事項を口外しないことは秘書の心得の第一です。口外しないことはもちろん，機密をにおわせるような曖昧な言動も慎むべきです。

2 指示されたことを要領よくこなす能力

- 仕事全体の内容を素早く理解し，正確に処理する。
- 仕事が重なったときは，優先順位を的確に決める。
- 指示された仕事の報告は，タイミングよく正確に行う。

基礎知識

1．指示内容を素早く，正確に把握する

上級秘書には，複雑な内容の仕事を指示通りに的確にこなす能力に加え，迅速に要領よく処理する能力が求められます。そのためには，仕事全体の内容をよく理解した上で，どのような手順で行えばよいかを考え，仕事の計画を立てることがポイントです。

このとき基本となるのが，指示を正しく受けることです。上司からの指示（命令）が出たらすぐにメモを取り，内容を復唱し，質問があれば最後に行う。こうした指示を受ける一連の行動と姿勢は，上級秘書になればなるほど求められます。これができて初めて仕事の対処方法，遂行計画を立てることができるのです。

また，自分の上司以外の上役から指示を受けたときは，自分の仕事の枠内で片付くことは引き受けてもよいですが，それ以上の内容は，必ず直属の上司の指示を受けることが原則です。

2．仕事の優先順位を付ける

幾つかの仕事が集中したときは，どの仕事をいつまでに済ますかを決めなければなりません。これが仕事の優先順位です。内容の重要度や要する時間などを考え併せて決めていきます。迷ったとき，できそうもないときは上司に相談して優先順位を決めます。

3．報告はタイミングよく正確に行う

報告をタイミングよく正確に行うことも，仕事を要領よくこなす能力の一つです。報告のポイントとしては，必ず結論を先に話し，それから経過を手短に報告します。上司が特に忙しいときは，結論だけでもよいくらいです。経過や理由は書面あるいは後日時間ができたときに話します。また，どんな報告でも，事実に基づいた正確な内容が求められます。もし，自分の意見や感想があるときは，その旨をはっきりと言って，事実と区別するようにします。

3 秘書業務を実践する

上司の負担を軽くする
- 雑務であっても率先して引き受ける。

上司の秘書として働くときの心掛け
- 情報は積極的に提供する。
- 上司にミスがあっても指摘しない。
- 秘書がミスしたら，素直にわびる。

基礎知識

1．雑務であっても引き受け，実践する能力

一般的な秘書業務においては，上司のこまごまとした雑務を処理することが大きな部分を占めています。秘書業務の実践とはここからスタートするのです。それがどんなに小さな仕事であっても，やがて大きな仕事になるかもしれません。そうでなくても，雑務を処理することで上司が本来の仕事に専念できれば，会社全体にとって大きな利益といえます。そこで大切なことは，そうした雑務を待っていて処理するのではなく，自分から探し出して処理することです。では具体的にどのような実践能力が必要とされているのでしょうか。

① 仕事の流れや動きを把握し，そこからポイントをつかみ取れる力。
② 今，どのような行為をしたら上司の仕事がやりやすくなるかが分かる力。
③ 上司の望んでいることを実際にできる力。
④ どのようなことが起こっても対応できる配慮と準備。

2．上司の秘書となって働くときの心掛け

上司の仕事に関する情報を収集し提供することが，まず求められます。情報としては他に「うわさ」があります。うわさをどう考えるかは上司の判断です。上司が知っておいた方がよいと思われるうわさは，求められる前に提供します。また，上司にミスがあったとしても，声高に指摘するような態度は慎みます。上司といえども人間ですから，時にミスすることはあるでしょう。「忙しい身だから……」と思いやる気持ちが大切です。反対に自分がミスしたら，直ちにわびます。わびた後にどこが間違っていたかを，どのようにすればよいかを確認し，修正作業を迅速に行います。

4 機転を利かして実践する能力

会議や不在時の受付や取り次ぎ対応

- 会議中などで上司が留守のとき，面会や電話は拒否するのではなく，できるだけ相手の意向を聞いて処理する。
- 不在などで取り次げないときは，その旨を相手に話し，相手の意向に従った対応を考える。
- 上司が取り込み中に予約客が来たら，茶菓や雑誌を提供し待っていただく。

スケジュール管理と対応

- 突然のスケジュール変更でも上司の承認は必ず得る。

予定外の仕事と対応

- 病気や事故などが起きたときは，状況を的確に把握し対応する。
- 日頃から緊急のときの連絡方法を調べておく。

基礎知識

1．機転を利かした判断をする

「上司が会議中に，アポイントメントのない客が来訪した。このようなときどう処理したらよいか」。秘書はこのような状況にしばしば直面します。素早い判断と対応が要求される場面です。

このようなとき，まず上司に連絡を取る，伝言を聞いておく，待ってもらう，代理の者に会わせるなど，さまざまな対処法があります。また急用なのか，上司との関係はどうかなども判断材料になります。最終的にどのように対処するかは，それらの要素を考え合わせ，そのときの状況に最もふさわしい判断を下すのです。これができる人が，機転が利くということになるのです。そのために必要な能力は以下のようなものになります。

① 今起きている問題（テーマ）は何かを素早く理解できる的確な判断力。
② この問題をどのように解決すべきかが分かる知識。
③ 素早く適切な行動力。

2．受付や取り次ぎなどでの対応

上司の在席中にアポイントメントのない客が訪れたとき，またそれが見知らぬ人であればなおのこと，とっさの機転を利かせなくてはなりません。これらの客をどのように接遇するかで，会社や上司の評価が決まる場合があるため，秘書は神経を使います。

実際に処理するには，まずポイントが何かを瞬時に感じ取らねばなりません。アポイントメントのない客でも，上司にとって極めて重要な客であれば，直ちに上司に取り次ぎます。未知の客であれば，慎重の上にも慎重を期さねばなりません。以下にケース別対処法をまとめました。

１）見知らぬ客の応対

上司に連絡して，その人のことを確認します。その後の処理は上司に指示してもらい，それに沿って行動します。

２）アポイントメントのない客の応対

上司が会議中などにその種の客が来たら，極めて重要な客以外は事情を話し取り次げない旨を説明します。それから客の意向に従って，伝言などの対応をします。

３）予約していた客が来たが，上司が取り込んでいるときの対応

上司の事情を話して，とにかくわびます。そしてどのくらい待っていただくことになるかを話し，客に判断してもらいます。もし待ってもらえるなら，お茶を出し，雑誌などの読み物を提供します。

３．スケジュール管理と対応

予定を組んでおいたのに，急な事態が発生してスケジュールが変更されることはよくあります。緊急の会議や葬儀の参加などは事前に予測はできませんから，スケジュールの変更は致し方ないところです。秘書は速やかに変更案を作り，上司の承認を得ます。

１）先方の都合でスケジュールが変更になったとき

変更になって他の予定と重なったときは，上司に予定表を持参し，どのように変更するかを打ち合わせます。

２）上司の不在中にスケジュール変更を要求されたとき

もし秘書が自分の判断で変更を仮約束するときは，上司が戻ったら確認するので，結果については変更があるかもしれないと念を押します。判断しきれないときは，上司が戻り次第速やかに連絡すると伝えます。

４．予定外の仕事

上司や上司の関係者が交通事故や急病になるなど，予想もしない出来事が発生したときの対処も秘書が中心になって行わなければなりません。冷静でしかも的確な判断と行動が求められます。そのため，日頃から準備をしておかねばなりません。上司がかかりつけの病院の連絡方法，家庭との連絡方法，社内での連絡先などです。一覧表にしておくとよいでしょう。

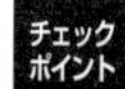

◎上司が明らかに忘れているとき，あるいは勘違いしているときは，さりげなく上司に注意を促す。

5 秘書に求められる身だしなみ

秘書に求められる身だしなみの基本

- 働く場にふさわしく調和がとれている。
- 他人に不快感を与えないように，いつも清潔を心掛ける。
- 仕事がしやすく機能的である。

日頃から健康管理に注意し，明るく快活な動作を心掛ける

基礎知識

1．オフィスの雰囲気をつくる秘書の身だしなみ

1）秘書の役割を心得た身だしなみ

秘書だからといって，華やかな装いをしなければならないということはありません。秘書が身だしなみに気を付けるのは，オフィスの雰囲気をよくするためなのです。きちんとした身だしなみには，明るさと適度の緊張感をつくり出す力があるのです。秘書の服装だけが目立ってしまうのも困ります。華やかな装いがおかしいのもそのためです。ここでいう身だしなみとは髪形，化粧，アクセサリー，靴などトータルなものを指します。

2）状況や役割を考える

大切なのはその場の状況や役割にふさわしい装いをすることです。秘書はオフィスだけでなく，上司の外出に同行する機会も多くあります。例えば上司の主催するゴルフコンペに世話役として同行することもあるでしょう。そのようなとき，スーツはおかしいでしょうし，プレーするわけではないですからゴルフウエアも似合いません。結果としてはスポーティーな装いということになります。パーティー会場で受付を務めるならば，普段より改まった装いが大事です。このように状況や役割を考えながら身だしなみを考えるのです。

2．印象を左右する秘書の動作

秘書の動作は明るく，きびきびした感じであることが求められます。一般に好ましくない態度，動作は以下のようなものです。「手を後ろに組んだり，前で腕組みをする。一本指で何かを指すなど威圧的な態度」「手をもじもじさせたり，髪に手をやるなど落ち着きのない動作」「椅子に腰掛けたとき，足を組んだり，ブラブラさせるなどだらしない態度」。

6 秘書に求められるパーソナリティ

パーソナリティの重要性

- **内面からにじみ出てくるパーソナリティ（個性・人柄）は，他人に与える印象に大きな影響を持つ。**

秘書に求められるパーソナリティ

- **対人関係に求められるパーソナリティ……誠実，明朗，謙虚，冷静，親切，ユーモア，礼儀，清潔，責任感，柔軟性など。**
- **仕事をするのに必要なパーソナリティ……正確性，積極性，能率性，機密厳守，慎重，行動性など。**

基礎知識

1．周囲の人たちから信頼を得る

秘書は直属の上司のみならず，周囲の人たちからも信頼されることが大切です。なぜなら秘書の仕事の基本は，上司のこまごまとした雑務を処理することであり，そのためには多くの人の協力が必要となるからです。もし，秘書がそれらの人たちと信頼関係を結ぶことができなければ，協力を得られないことになり，そうであれば結果的に，上司の仕事の成果を少なからず損なうことになるでしょう。

2．秘書に求められるパーソナリティの基本

1）対人関係に必要なパーソナリティ

対人関係を良好に結んでいくために必要な資質としては，誠実，明朗，素直，謙虚，協調性，柔軟性，責任感などがあります。つまり明るく誠実に振る舞える資質が求められるのです。

2）仕事上で求められるパーソナリティ

仕事を着実にこなすために必要なものとして，正確性，積極性，能率性，機密厳守，慎重，行動的などがあります。

3）上級秘書に求められるもの

上級秘書は判断が難しい状況に直面することが多いですし，対人関係も上下左右など，非常に微妙になってきます。そのため以上に加えて寛大さ，ユーモアとウイット，機転，応用力，沈着，冷静，思いやりなど，より高度なパーソナリティが求められます。

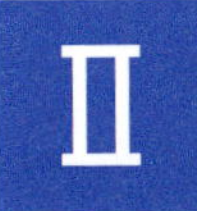

職務知識

1 秘書の役割と機能

- 秘書の基本的な機能は，上司が本来の仕事に専念できるように雑務を処理し，仕事が円滑に進むようにさまざまな準備をすることである。
- 上司に代わって意思決定したり，指示はできない。

基礎知識

1．秘書の種類

秘書にはさまざまな種類があります。個人つき秘書は上司が一人でどの部門にも属しません。これに対し複数の上司につく秘書には，秘書課に所属してトップマネジメントにつく秘書や，営業部などに所属し，その部署本来の仕事をしながら上司（営業部長など）を補佐する兼務秘書などがあります。

2．秘書の役割と機能

上司の役割は，経営管理＝成果を上げて目標を達成することです。その仕事の善しあしは，ただちに企業活動に重大な影響を及ぼします。従って秘書は上司の手助けや身の回りの世話をすることで，上司が本来の業務を効率的・効果的に取り組めるよう環境を整えます。

そのために秘書は，来客応対，上司のスケジュール管理，会議の準備，文書作成，ファイリング，上司の身の回りの世話などを一つ一つ果たします。このことによって，上司が仕事に専念できる環境をつくっていきます。機能とは役割を果たすための具体的な仕事のことです。

このように上司と秘書は表裏一体で共通の目標に向かって仕事をします。それだけに秘書は上司の期待と信頼に，常に応えていかなければなりません。

3．秘書と上司の関係

1）直属の上司との関係

秘書は上司とともに働き，上司を助ける存在ですが，どんなに有能であっても，上司になり代わって，上司の本務を遂行することはできません。秘書が上司に代わって何か行うことがあっても，それはあくまでもスタッフ，すなわち手助けの範囲内にとどまるものです。秘書は上司あっての存在であり，上司の目的や意向を自分のものとするのですから，独断専行は許されません。

2）他部門の長との関係

他部門の長とは直接的な関係はありません。しかし組織の中ですから，場合によっては他部門の長から仕事の指示や依頼があるかもしれません。この場合は直属の上司から承認を得て取り掛かるようにします。

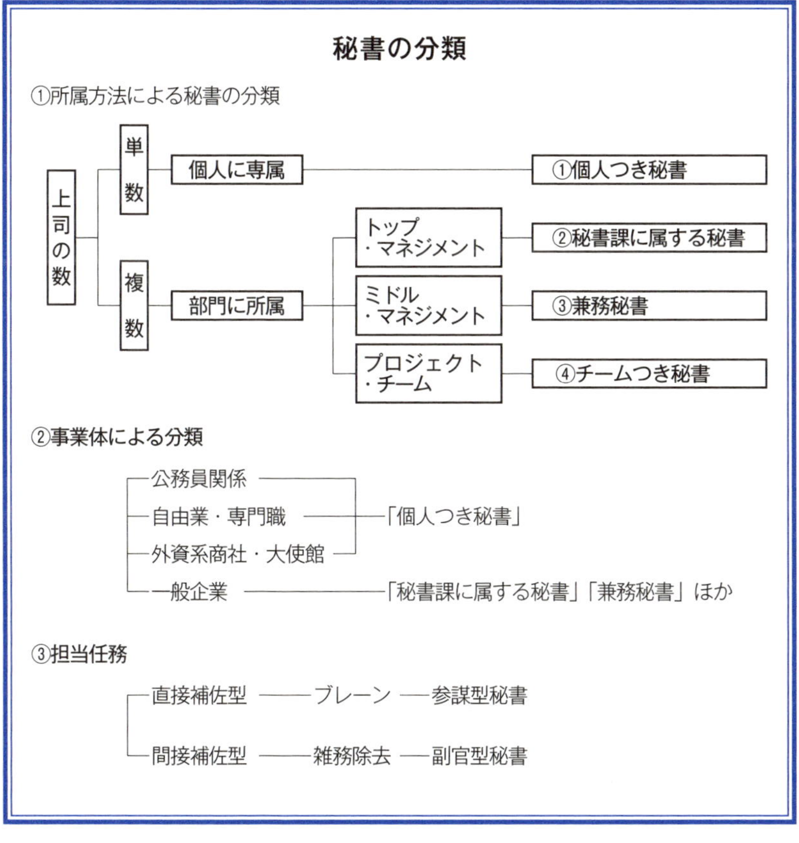

チェックポイント ◎秘書のミスは，直ちに上司のミスにつながることを心得ておく。

2 職務に対する心構え

進んで上司を理解し，関心や行動を予知する
自分の立場をわきまえる
● スタッフとしての範囲を超えない。
● 進言には節度が必要である。

● 基礎知識 ●

1．進んで上司を理解する

1）上司の理解が仕事の理解につながる

上司を理解し，上司の役に立つことが秘書の仕事です。そのためにはまず，上司が社内外でどういう立場にあり，何をしようとしているのかをきちんと理解しておく必要があります。接遇応対，日程管理など日常の秘書業務を円滑に進めるためにも，上司の理解は不可欠のものであり，逆に言えば上司を理解することが自らの仕事の理解につながるのです。

しかし，ただ待っているだけでは上司の理解は深まりません。細かなことでも上司の行動に積極的に関わるほか，上司の属する機構や環境などを進んで学習することが大切です。

2）場合によってはプライベートにも関わる

上司の理解のためには業務上のことはもちろん，人柄や家庭環境まで知っておく必要があります。場合によってはプライベートな面も把握することになるでしょう。ただし上司がそれを望まないときは，秘書といえども立ち入ることはできません。プライベートにも関わるかどうかは，あくまでも上司の考えによるのです。

2．自分の立場をわきまえる

1）スタッフとしての範囲を超えない

秘書はスタッフですから，その限りにおいて上司を助けます。例えば上司が急病になったとしても，上司になり代わることはできません。もちろん病気の診断もできません。それらは他の重役や主治医の役割です。秘書ができることは，病気という状況を考えた上でのスケジュール調整や他部門との連絡です。スタッフとしての立場をわきまえつつ，その中で最善を尽くす。これが秘書の

心構えなのです。

2）進言には節度が必要

秘書の立場から上司に進言できる範囲は決まっています。基本的な健康管理，食事の内容や店選び，服装などのアドバイスです。業務に関しては上司の記憶違いなどによる単純ミスで，そのままにしておくと上司の評判に傷がつくようなケースです。

基本的に秘書が上司に忠告したり，あるいは忠告的なことを言うことはあり得ません。同様に秘書が上司に意見を言うことも，原則的には許されることではありません。ただし，上司から意見や感想を求められたときは別です。例えばある人物の評価を聞かれるようなときは，事実をありのままに話す，あるいはよい面を中心に節度を持って話すことが望まれます。

3．機密を口外しない

秘書は日常的に機密事項を扱います。その機密をぺらぺら話すようでは秘書失格です。たとえ相手が親しい人であっても，世話になった人でも，知った機密を守ることは秘書として最も初歩的な心得であり，また常に心に留めておかねばならない大事なことでもあるのです。

時には他部門の長などから，「今度の人事異動について，頼むから知っていることを教えてくれないか」などと頭を下げて頼まれることもあるでしょう。しかし相手が上役であっても大先輩であっても，話してはなりません。「申し訳ありませんが，私はそこまで聞いていません」と丁重に，さりげなくかわすことが求められます。

チェックポイント

◎秘書は機密を知る立場にありますが，だからといって交際範囲を狭めたりする必要はない。むしろ，広げた方が何かのときに役立ち，助けになる。機密事項は話さない。この原則さえ守れば，どのような人と交際してもよいといえる。

◎特に指示されてなくても，社内外での出来事や情報は常に仕込んでおき，必要に応じて伝達する。このような積極的な態度も，秘書としての心構えの一つになる。

3 秘書業務の進め方

秘書の業務内容を把握する

- **定型業務（日常業務）と非定型業務（突発業務）がある。**
- **上司の私的活動・交際も秘書業務の範囲内である。**

秘書業務遂行の留意点

- **状況を考え機転や気を利かす。**
- **先を読んで行動する。**

基礎知識

１．秘書の業務内容

１）定型業務と非定型業務

秘書の仕事は多岐にわたりますが，それを分類すると定型業務と非定型業務に分かれます。定型業務とは業務内容のフォームが決まっているもので，日程管理，来客接遇，電話応対，文書事務，出張事務，経理事務，上司の身の回りの世話などです。非定型業務とは突発的に起こる仕事であり，ケースバイケースで対応しなければなりません。予定外の来客応対，急病や事故の対応などがあります。

２．主な秘書業務の進め方と留意点

１）日程管理

上司の日程管理は，秘書にとって重要な仕事の一つです。上司の一日はスケジュールが詰まっているのが普通です。デスクワークの他にも，会議，面談，出張，訪問，接待などをこなさなければなりません。しかも予定通りに進行すればよいのですが，しばしば予定は変更され，しかも新しい予定が入ってきます。秘書はこうした上司の目まぐるしい日程を調整するのです。しかし，秘書が独断でスケジュール調整をするのはルール違反です。秘書は原案を作り，最終的には上司が決めることを忘れないでください。

また，上司が出先などで面会の予約をしてくることはよくあります。このようなとき，「スケジュール調整が大変だから，早めに教えてください」と頼む秘書がいますが，これは管理を優先する本末転倒の考えです。決まった日程を上手に調整すること。これが大切な点なのです。

上司の日程管理には，友人との会食などプライベート面も入ってくるでしょう。しかし，そうしたプライベートな約束は公式の日程表に書き込む必要はありません。秘書個人の日程表に書き込んでおけばよいのです。

2）電話応対

電話応対としては上司にかかってきた電話，上司がかける電話，上司の不在中の電話の処理，各種問い合わせや連絡の処理などがあります。この中では上司の不在中の電話応対が難しいといえます。上司の気持ちや状況を考え合わせ，的確にしかも機転を利かせて対応しなければなりません。もちろん，それに応じた連絡や手配も必要になってきます。上級秘書になると，単に電話の内容を正確に取り次ぐだけでなく，どのように行動するかも大事になってくるのです。

また上司の不在中に，外部の人から上司の私的なことや業務について問い合わせる電話がかかってくることがあります。このような質問に対しては，答える義務はありませんし，答えるべきではありません。そのようなときは「よく分かりません」とかわし，相手の連絡先を聞いておいて，上司が帰ったら報告するようにします。

3）文書事務

文書事務には文書作成，文書の清書，社内外文書の受発信，文書の整理・保管，文書関係機器の操作などがあります。

上司の書いた文書をパソコンなどで清書するとき，上司の書き間違い，思い込みミスなど直した方がよいと判断できる箇所があることに気が付きます。しかし，他の不明点などと一緒に上司に確認をとってから修正するのが原則です。

また，上司が長期出張中に，上司に代わって礼状やあいさつ状を書くようなときは上司名で出します。ちなみに秘書名で出しても構わないのは，カタログ請求，ホテルの予約の確認，室内備品の見積もり依頼状などです。

4）出張事務

出張事務には，上司が出張する際の旅程表の作成，交通機関の切符の手配，宿泊先の予約，関係先への連絡調整のほか，上司が出張などから戻ってからの旅費の精算手続き，上司が出張先でお世話になった方への礼状の代筆などがあります。

なお，出張中の上司との連絡は，何回もしなくて済むように，時間を決めてまとめて連絡事項を伝えるのが効率的です。ただし，上司の出張中に緊急あるいは重大と判断できる事態が発生したときは，直ちに出張先に連絡して指示を仰がなければなりません。

5）情報の管理

社内外で発生する情報は的確に取捨選択して上司に伝達するとともに，関係先にも連絡します。秘書として特に注意すべき情報は，関係者の死亡記事，死亡広告，冠婚葬祭，叙位叙勲，昇格・退任などです。これらの情報には日頃から注意を向けておく必要があります。ニュースソースとしては新聞が主となりますが，インターネットや他のマスメディア，関係者など人的な情報源も場合によっては重要です。そのためにも，日頃から情報収集のネットワークづくりを心掛けておかねばなりません。

上司の不在中に，私的な付き合いの人に関する重要な情報を得たときは，出先などに連絡するよりも，上司の夫人など家庭に電話で知らせる方がよいこともあります。

6）贈答業務

仕事であるいは私的にお世話になった方への贈り物や，何かをいただいたときのお返しなどを，上司と相談しながら準備するのも秘書の仕事です。相手との関係，相手の好み，予算などをよく考えて行います。歳暮，中元など定期的なものはリストを作っておくとよいでしょう。

贈答品を選ぶにあたって，何がよいかすぐには決められないものです。日頃から適当な贈答品候補を選んでおけば，そのようなときにも慌てずにアドバイスすることができます。

7）上司の身の回りの世話

①車の手配

上司の出社，退社，外出など勤務上使用する自動車の手配です。そのため，運転手や管轄する庶務などのセクションと緊密に連絡を取る必要があります。ただし，社用車の運転日誌は運転手がつけます。

②お茶や食事のサービス

仕事の合間や食事時にはお茶やコーヒーなどを出します。場合によっては昼食や夜食の手配もしなければなりません。上司の好みをつかんでおき，タイミングよく手配します。

③健康管理

秘書ができる上司の健康管理は，時間的に余裕のあるスケジュールを組むことが第一です。また，人間ドックや定期健康診断も忘れずにスケジュールに組み込みます。

④私的事項

上司の不在時に，上司に関する私的事項が発生したときは，まず上司夫人に相談するのが原則です。

3．非定型業務の進め方

1）予定外の来客

「上司は在室している。そこへ近くまで来たのでと，上司の友人が立ち寄った。特に用件はなさそうである。秘書はどう対応したらよいか」。こうした突発的な出来事はよくあります。このようなとき秘書は，素早く状況を判断し，対応しなければなりません。上司は今，差し迫った仕事に追われているのか，比較的時間に余裕があるのか，また会いたい人なのか，会いたくない人なのかなど，さまざまな要素を考え合わせる必要があります。

この例では，上司の友人は特別な用件はなさそうなことから，友人といっても上司は会うかどうか分かりません。そこで「上司が在室しているかどうか確かめてまいります」と言うなど，断ることを想定した対応が必要になります。

2）急病や事故

上司が社内で倒れたときは，秘書は近くの医師または救急車を手配し，秘書課長あるいは総務部長に知らせます。次に主治医や家族に連絡します。そのため，いざというときに備えて主治医の電話番号などを控えておきます。

また，応急手当ての心得や救急薬品を用意しておくことも，秘書の心構えの一つです。

3）天災地変

地震や火災などの天災は，突然やってきます。秘書はトップあるいはトップに近いところの人についているわけですから，そのようなときこそ冷静に対処しなければなりません。

このようなとき，まず第一に心掛けるのは人命です。何はともあれ安全な場所に避難すべきです。来客があれば，もちろん客を優先します。慌てず，落ち着いて行動する，これが大原則です。

4）不法侵入

秘書室あるいは上司の執務室に陳情者が押し掛けたり，強引なセールスがやってくることがあります。このような場合は，一瞬のうちに判断して，適切な処置を取らねばなりません。必要ならば他部署の応援を得ます。さらに必要であれば警察に通報します。いざというとき困らないように，日頃から準備をしておくことが大切です。

5）機密事項への対処

秘書はトップのそばにいて機密事項を多く知る立場にありますから，言動には注意しなければなりません。極めて微妙な立場にあることを自覚し，慎重に行動することが求められているのです。

4 効率的な仕事の進め方

● 仕事を定型化・標準化する。そのために仕事の手順を考える。
● 執務時間をフルに活用する。

基礎知識

1．業務を定型化・標準化する

秘書の仕事はこまごましたことが多く，しかも多岐にわたります。それらの業務を効率よく行うためには，業務の定型化・標準化が必要になってきます。秘書業務は内容が広く，突発的なことも多いので定型化・標準化は難しそうに思えますが，以下の２点をマスターすれば合理的な仕事の進め方が身に付くはずです。

1）PDCA サイクルを身に付ける

漫然と仕事を進めても能率は上がりません。そこで心得ておきたいのが，PDCA サイクル（マネジメント・サイクル）です。Plan（計画）→ Do（実行）→ Check（評価）→ Action（改善）と四つの段階を繰り返しながら仕事を進めることにより，業務にめりはりをつけるのです。作業の処理能力は段階的に伸びていきます。

2）仕事の手順を考える

「この仕事はどのくらいの時間で処理できるか」をあらかじめつかんでおき，それを基に仕事の手順を考えておくと，仕事の処理スピードは格段に飛躍します。要所ごとにチェックする習慣も付けてください。

2．執務時間をフルに活用する

1）空き時間を有効に使う

上司が外出しているときは，秘書にとっては比較的暇な時間になります。こうした時間を利用して，日ごろ手を付けられない整理事務を行います。

2）時間の自己管理をはかる

業務の所要時間を記録しておき，業務の優先順位を考えながら，限りある時間を有効に使うようにします。

チェックポイント
◎仕事が重なったり，時間的に無理だと思われる仕事は，その旨上司に申し出て，優先順位を確認してもらう。

一般知識

1 経営に関する知識

企業と資本の関係，経営者の役割，組織と管理などを理解する
● 資本と経営の関係は，経営学の基本である。

企業活動の各機能を十分に理解する
● 一口に企業経営といっても，生産，販売，経理などさまざまな側面がある。それらの側面（機能）を理解しないと，経営の全体を捉えるのは難しい。

● 基礎知識 ●

1．企業と資本

株式市場に上場されるクラスの会社では，経営と資本が分離されています。これを「経営と資本の分離」といいます。株主（出資者）が多数にのぼるため，経営が高度になり専門化しているためその必要が生じるのです。

経営者は企業の最高議決機関である株主総会によって企業経営を委託され，その任に当たります。企業資本は株主のほか，金融機関にも依存していますが，最近では「自己資金」の割合を増やす動きが強まっています。

2．経営者とその責任

株主総会の委託によって経営の任に当たる経営者は，経営を成り立たせるのに必要な従業員，取引先の協力，消費者のニーズ，社会資本の充実など周囲の状況を把握しながら，適正な関係を保ちつつ経営責任を果たしていかなければなりません。そのために経営者は「利害調整職能」「革新職能」「管理職能」などの基本職能を基にして，組織を率いています。

3．企業の組織

企業の規模が拡大し従業員が増えると，組織を細分化する必要が生まれます。これらの組織の最大特徴は「分業」と「統合」です。「分業」とは業務の目的別に分かれること，「統合」とは各部門をまとめバランスを取ることです。企業の目的は利潤追求ですが，利益を得るためには手段，方法を考え，部門ごとの小目標を設定しなければなりません。さらに社会的責任もあります。それらが総合的に関連し合って，企業活動が成り立つのです。

4．企業の経営機能と経営管理

組織が目的を達するには，生産・販売・財務・労務といった経営機能（経営業務）を持たねばなりません。これらの機能がフル回転してこそ企業の業績が上がります。そこで必要なのが経営管理つまり組織管理です。

組織管理で原則となるのが「職務の分担と統合」「責任と権限の明確化」そして「命令の統一」です。これらの原則に基づく管理が適切に行われないと，各機能は円滑に動かなくなります。

5．情報処理

企業活動をより効率的に進めるためには事務の効率化が必要です。近年ではコンピューターの発達により事務の合理化が急速に進んでいます。また高度に情報化する社会の影響を受け，企業活動の中でも情報処理が重要な業務の一つにさえなっています。

6．マーケティング

消費者の価値観は多様化し，好みも分散している時代です。顧客が何を望み，どんな方法で売ればよいのかといったマーケティングをしなければ，業績を上げることは難しいでしょう。

マーケティングには「市場調査」にはじまり，「価格政策」「販売促進」「広告宣伝」「流通政策」「アフターサービス」に至るまでの流れがあります。これらの活動を通じて企業戦略を練っていくのです。

7．人事・労務

人事とは，組織の構成員がそれぞれの能力を最大限発揮できるよう配置することです。労務とは，人事も含め給与などさまざまな待遇に関する事柄を取り扱うことです。企業は時代の変化に対応しなければなりません。適正な人材の配置が企業活動に大きく影響します。また，著しく条件の悪い待遇は勤労意欲を低下させます。企業活動を効率的に行うには，労務面がよく考慮されているかどうかも重要な鍵となります。

8．会計・財務

財務とは，企業が事業に必要な資金の調達・運用をし，資本の流れや収支を計算することをいいます。資金の調達とは，必要な資本を予測して調達コストを見積もること，あるいは株式や社債の発行，金融機関から借り入れをすることをいいます。資金の運用とは，土地や建物，原材料など企業活動に必要な各部分へどのくらい資金を投入できるか決めることです。

会計（経理）はその中で，資本の流れや状態を組織的に記録・計算・報告する役割を担います。経営管理に役立つために内部的に記録・計算するための管理会計（内部報告会計）と，財務諸表を外部に報告するための財務会計（外部報告会計）の２種類があります。これらは複式簿記の原理で記録・計算されます。

9．経営分析と税務

企業は一定期間を経過したときは決算をして「損益計算書」や「貸借対照表」，「キャッシュフロー計算書」などの財務諸表を作成し，出資者（株式会社の場合は株主）に報告する義務があります。

企業にかかる税金には国税・地方税があり，それらは直接税・間接税に分かれます。直接税は所得税・法人税，間接税は酒税・消費税が代表。

10．経営法務

企業活動をめぐる法律はさまざまあります。「商法」「民法」「手形法」「小切手法」「不正競争防止法」など商取引に関するもの，また「労働三法」（労働基準法，労働組合法，労働関係調整法）などの人事･労務に関するものがあります。

知っておきたい用語

法律で定められた会社の種類　「株式会社」「合資会社」「合名会社」「合同会社」の４種類。

法人　法律上の権利，義務のある会社や団体のこと。

会社の運営　株式会社では「株主総会」が最高決定機関。ここで取締役，監査役を選ぶ。取締役および代表取締役が経営者として，業務の執行と会社を取り仕切っていくことになる。

自己資本　自前の資本のこと。資本金のほか資本準備金，利益準備金などを含む。反対が借入金で金融機関からの借り入れ，社債などである。

経営戦略　変動する社会環境に適応して企業を存続，発展させるための長期的な基本方針。

経営多角化　危険分散や副産物の利用などを目的として，数種の業種を同時に経営すること。

減量経営　経費節減，人員削減などで，企業の体質を改善すること。

代表取締役　通称は社長。取締役会で選定され，会社を代表する取締役のこと。

専務取締役　取締役の一員で，常務と共に役付取締役といわれる。社長，副社長に次ぎ，常務と共に常務会を構成する。

プロジェクトチーム　各部の境界領域的なテーマを扱う場合，各部から選抜されたメンバーで構成されたプロジェクトチームがその推進役となる。

ライン・スタッフ組織　各職能を各部門が担当する。製造販売などのライン部門と，それを補佐する総務・経理などのスタッフ部門に分類できる。社長からの命令指揮は，ラインの部長，課長を経て末端まで伝えられる。

人事管理　企業目的達成のための活動と，企業を構成する従業員個々人の欲求を満たすための活動との間に調和を図るよう管理すること。

人事考課　従業員の昇給，賞与の決定のため定期的に行われる評定。

労働協約　労働組合と使用者（会社など）やその団体との間で取り交わされる協定のこと。内容は賃金や休暇などの労働条件についてである。

就業規則　従業員の規律や労働条件などを，使用者が定めた規則。

財務諸表　主に貸借対照表，損益計算書とキャッシュフロー計算書を指し，経営分析に欠かせない資料である。

貸借対照表　企業の資産，負債，資本の内容を一覧にしたもの。B/S（ビーエス）ともいう。

損益計算書　一定期間の企業の経営成績を数字でまとめたもの。P/L（ビーエル）ともいう。

キャッシュフロー計算書　一定の会計期間内における企業の資金の流れを明らかにしたもの。

損益分岐点　利益も損失も出ない売上高のこと。一定期間の売上高がその分岐点を超えれば利益が出るし，逆であれば損失である。

自己資本比率　会社の総資本に対する自己資本（借金ではない資本）割合。

減価償却　建物や機械などを使って，価値の減った分を費用と見なして，経理上の処理をすること。

減配　株式の配当の額を減らすこと。

源泉徴収　事業者が国に代わって税を徴収し納付すること。

所得　個人や企業が一定期間内に得る財のことで，賃金，事業所得，家賃，利子などがある。

税務　税金の割り当てと取り立てに関する事務。

所得税　個人の所得に割り当てられる税金のこと。

法人税　法人の所得に割り当てられる税金のこと。

直接税　法人税，所得税，相続税など納税義務者とその税金を負担している人が一致しているもの。

間接税　納税義務は製造販売業者にあるが，商品に税金分を含ませて販売するため実質的に消費者が負担している税が間接税。酒税，消費税など。

社債　株式会社が長期資金調達のために発行する債券。

振出人　手形や小切手を発行した人。

不渡手形　銀行預金が不足して，約束の期日に決済できない手形のこと。

約束手形　振出人がその受取人または所持人に対して，一定の金額を一定の期日に支払うことを約束する証券。

有価証券　金銭的価値がある証券のこと。

試験によく出るカタカナ用語集

アウトソーシング	外部委託，外注
アウトプット	出力
アウトライン	大体の内容のこと
アセスメント	評価
アドバタイジング	広告活動
アビリティー	能力
イノベーション	技術革新
イマジネーション	想像，想像力
イレギュラー	不規則
インサイダー	部内者
インセンティブ	奨励金
インフォーマル	略式
インフォメーション	情報
インプット	入力
エージェンシー	代理店
オーソリティー	権威者
オファー	申し込み，申し入れ
オプション	自由選択
オペレーション	操作
ガイダンス	指導
ガイドライン	指標
キャパシティー	容量
キャリア	経歴
クオリティー	品質，性質，品位
クライアント	得意先・依頼者
グレード	等級
クレジット	信用
コミッション	商取引での仲介手数料
コメンテーター	解説者
コラボレーション	共同
コンサルタント	企業経営などについて診断や指導をする専門家
コンシューマー	消費者
コンスタント	一定
コンセプト	基本的な考え方，概念
コンセンサス	合意
コンタクト	連絡
サジェスチョン	示唆・提言
サンプリング	標本抽出
ジェネレーション	世代
スキル	技能
ステータス	地位
スポークスマン	政府や団体の意見を発表する担当者

セキュリティー	安全
ターゲット	標的
タイアップ	協力して物事を行うこと
ダイレクトメール	宛て名広告
ディスプレー	展示
デッドライン	最終期限
デベロッパー	開発業者
デモンストレーション	商品の宣伝で実演すること
ネガティブ	消極的
パーソナリティー	個性
バリエーション	変化
ビジョン	未来像
フォーマット	形式
ブラッシュアップ	磨きをかけること
フランク	率直，ざっくばらん
フレキシブル	柔軟なさま
プレゼンテーション	提示・説明
プレッシャー	圧力
プロダクト	生産，生産品
プロモーション	販売などの促進活動
フロンティア	未開拓の分野
ベースアップ	賃金基準を引き上げること
ヘッドライン	新聞などの見出し
ペナルティー	罰則
ペンディング	保留・未決
ポテンシャリティー	潜在力
ポリシー	方針
マーケティング	製品が生産者から消費者の手に渡るまでの一切の企業活動
メソッド	方法，方式
ユーザー	使用者
ラジカル	急進的
リコール	欠陥ある製品を生産者が回収し,無料で修理すること
リサーチ	調査または研究
リストアップ	選び出して名簿等作ること
リニューアル	新装
ルーティンワーク	日常の決まり切った仕事
レクチャー	講義
ローテーション	順番にその役に当たること
ロイヤルティー	特許権,著作権などの使用料

近年，出題された用語と意味を試験問題から抜粋した。表示した意味以外にも複数の意味を持つ用語もあるので，辞書等で確認するとよい。

Ⅳ

マナー・接遇

1 接遇マナーの実際

アポイントメントのない客の受付・取り次ぎ

- 突然の来客であっても，「お約束いただいてますか」「何のご用ですか」などと詰問するような態度をとってはいけない。
- 上司が会うかどうか分からない場合は，上司が在席かどうかは伏せておき，「少々お待ち下さい，ただ今調べてまいります」と言って相手に待ってもらい，上司の意向を尋ねる。

来客が重なったとき

- 上司の来客中にアポイントメントのない来客があった場合には，相手の名前と用件を聞き，取り次いだ方がよいと判断したら，面談中の上司にメモを渡す。上司から指示を得たら，それに従って適切な処置をする。

客が紹介状を持って来たとき

- 紹介者からの事前連絡がない場合は，「少々お待ちください」と言って相手に待ってもらい，上司の意向を尋ねる。疑問が生じたときには，紹介者に電話で確認する。

上司の都合で予約客を待たせるとき

- 30分以内くらいであれば，極力待ってもらうようにお願いする。それ以上待たせるようなら，相手の意向に沿って処置をとる。

基礎知識

３級で学んだ基礎知識を踏まえた上で，２級では応用力が問われます。つまり，さまざまな場面や状況に応じて，それぞれ臨機応変な対応ができるかどうかが問われるのです。そのため，ここでは非定型のケースを中心に学んでいきます。

1．接遇の心構え

接遇の目的は，来客が用件を果たすに当たり最大限満足してもらい，その結果好ましい人間関係を築くことです。そのためには誰にでも誠意をもって，公平に接し，しかも正確・迅速に応対することが肝心です。さらにその場にふさわしい服装，態度，言葉遣いが条件です。ただし応対は一様ではありません。場面によって機転を利かせなければならない事態がしばしば発生します。基本を押さえた上で，状況を的確に捉え，臨機応変な対応ができるようになりたいものです。

2．受付と取り次ぎ

秘書は毎日たくさんの来客と接する機会があります。あらかじめ予約を取り，時間通りに訪れるお客さまばかりではなく，予約なしに不意に訪れるお客さまもいます。また上司の方でも，会議が長引いたり，帰社時間が予定より遅れたりして，予約客を待たせることもあります。

このように定型通りに事が運ばないときどのように応対したらよいか，幾つかのケースを想定して，対応策を考えてみましょう。

1）アポイントメントのない来客

まず基本通りにあいさつし，相手を確認し用件を伺います。その上で上司の在否は伏せたまま，「少々お待ちください。ただ今調べてまいります」と言って来客に待ってもらい，上司に連絡して指示を得ます。

①来客が重なったとき

上司の来客中にアポイントメントのない来客があった場合，相手が取引先などで取り次いだ方がよいと判断したら，念のため面会の所要時間を尋ねます。用件を手早くメモし，来客中の上司に届けます。その際，面談中のお客さまには，「お話し中，失礼します」とわびます。上司から指示を得たら，「失礼いたしました」と言って，会釈して下がります。

②転任者があいさつに来たとき

転任や就任のあいさつは，普通予約はしません。この場合秘書は「ご丁寧にありがとうございます」などとあいさつし，すぐに上司に取り次ぎます。上司は短時間のあいさつで済む相手の場合は，会議中や来客中であっても席を外すこともあるからです。上司が不在のときは，代理の人に出てもらうなどしてあいさつを交わすこともあります。

③紹介状を持ってきた来客の場合

普通は紹介者からその旨事前に連絡があります。そうした場合，秘書は「○○様からご連絡いただき，お待ちいたしておりました」とあいさつし，上司に取り次ぎます。その際，秘書は相手が持ってきた紹介状を受け取り，そのまま上司に渡します。紹介者から事前に連絡がない場合は，相手に待ってもらい，上司の意向を尋ねます。疑問が生じたときには，紹介者に電話で確認する場合もあります。

2）上司の都合で予約客を待たせるとき

予約客が約束の時間通りに来社したのに，上司がまだ会議中であったり，帰社時間が遅れたりした場合には，「あいにく会議が長引いておりまして，大変申し訳ございませんが，10 分ほどお待ちいただけますでしょうか」などと，お客さまを待たせる理由と時間を述べ，待ってもらえるかどうか相手の都合を聞きます。このような場合，待ち時間が 30 分以内であれば，相手の都合を聞いた上で，極力待ってもらうようにお願いします。それ以上の場合は，お客さまの意向に沿って，伝言を聞く，代理の人に会ってもらう，再度来訪してもらうなどの処置をとります。

3．紹介の仕方

秘書は職務柄，人を紹介したり，紹介されたりする機会が多いものです。その際のマナーを整理します。

紹介の順序は下位の人を先にするのが原則です。これは，上位の人に下位の人の情報を先に伝えるためです。

1）地位の上下があるときは，地位の低い人を先に紹介します。
2）年齢の差があるときは，普通若い人を先に紹介しますが，特別の地位にある人はこの限りではありません。
3）社外の人を社内の人に引き合わせるときは，社内の人を先に紹介します。
4）他社を訪れたときは，訪問した方が先に同行者を紹介します。
5）上司や知人に自分の家族を紹介するときは先に自分の家族を紹介します。
6）一人を大勢の人に紹介するときは，まず一人をみんなに紹介します。

4．身だしなみのマナー

秘書に求められる身だしなみのポイントは，調和が取れ，清潔であり，機能的であることです。この三つのポイントに照らし合わせて，自らの身だしなみをチェックする習慣を付けておくことが大切です。

以下に身だしなみの注意点を幾つか挙げてみましょう。

1）服装は清潔で機能的，上品な配色を心掛ける。派手で奇抜なものは不適。
2）アクセサリーなどは控えめに。
3）ナチュラルメイクが基本。マニキュアや口紅などは色の濃いものを避ける。
4）清潔でまとまりのある髪形。
5）中ヒール程度のシンプルな靴。飾りの多いものやハイヒールは避ける。

チェックポイント

◎応接室で客が下座に座ってしまったら，秘書は「どうぞこちらの方へお掛けください」と上座に当たるところへ座るように勧める。

◎来客から名刺を受け取るときは，目礼して両手で丁寧に受け取るのがマナー。

◎お茶を出すときは，茶たくがぬれないように，お盆にお茶と茶たくを別々に載せて運ぶようにする。

◎紹介するときは，地位に上下がある場合には下の人から先に，親疎の差がある場合には親しい人から先に紹介する。

◎一見して相手に違和感を与えるような服装，化粧は秘書として失格。

2 人間関係と話し方・聞き方

言葉はコミュニケーションの手段
- 両面通行の会話が，好ましい人間関係をつくる。

好ましい人間関係をつくる「話し方」
- 話す内容と意味を自分で十分に分かっている。
- 分かりやすい言葉で話す。
- 正しい言葉遣いで話す。
- 具体的に話す。
- 感じのよい話し方をする。

好ましい人間関係をつくる「聞き方」
- 相手の言うことを素直に聞く。
- 話の要点をつかむ。
- 聞いていることを態度で表す（相づちを打つ）。
- 話の腰を折らない。
- 曖昧な点や分からない点を尋ねる。
- 話し手の真意をつかむ。

基礎知識

好ましい人間関係をつくるための「話し方」「聞き方」を身に付けるためには，以下のような項目を整理し，理解することが基本になります。

1．言葉はコミュニケーションの手段

私たちは日常「言葉」という記号を使って，コミュニケーション活動をしています。自分の気持ち，意見，意思を他の人に伝えるとき，言葉で表現します。また，他人の気持ちや考えも，言葉を通して知ることができます。つまり話すことは，そのまま人間関係をつくることにつながっているのです。

こうしたことを言葉で言うのは簡単ですが，実際にはなかなかうまくいかないことが多いものです。どのような点に注意すべきか考えてみます。

2．好ましい人間関係をつくる「話し方」

伝えたいことを相手に正しく伝えるために，以下のポイントが大切です。

1）話す内容と意味を十分に理解していること

自分が何を話しているのかがはっきりしなくては，もとより他人には分かるはずがありません。話す前にポイントを整理する必要があります。

２）分かりやすい言葉を使う

知識を披露するのが目的ではありません。相手に理解してもらうために，できるだけ平易な言葉で話します。難解，抽象的な表現は避けます。

３）正しい日本語で話す

言葉を正しく使うこと。例えば「全然楽しい」という表現は仲間うちならともかく，秘書としては不適切な表現です。

４）具体的に話す

抽象的に話されると，何が言いたいのかよく分かりません。話を具体的にするためには，「数字で表せるものは，できるだけ身近なデータを使う」「平易な言葉を組み合わせた簡潔な短い文で話す」「物の形，大きさ，機能などの説明にはよく知られているものに例える」などの方法があります。

５）感じのよい話し方をする

感じのよさは明るい語調から生まれます。また，相手の気持ちを考えて話をすることが感じのよさにつながります。

３．好ましい人間関係をつくる「聞き方」

相手の言うことを正しく理解するためには以下のことが基本になります。

１）相手の言うことを素直に聞く

話を聞くときは，相手の言っていることを，まず受け入れることが大切です。聞くことは心を開くことであり，心の広さ，余裕の表れです。

２）話の要点をつかむ

相手の話の部分的なところに捉われずに，話の中心をつかむようにします。要点を押さえながら聞き，個々の情報はその中に位置付けます。

３）聞いていることを態度で表す（相づちを打つ）

聞き手が熱心に聞いてくれると，話す方も意欲が湧いてきます。相手をよく見て，相づちを打ちながら聞くなど，言葉だけでなく，好意的な表情や態度が相手に安心感を与えます。

４）話の腰を折らない

自分の話したいことがあると，話の途中でも平気で割り込む人がいますが，これでは相手を不愉快にします。話は最後まで聞くことが大切です。

５）曖昧な点や分からない点を尋ねる

疑問点があれば，話に区切りがついたところで質問します。相手の話している内容を正確につかみ，食い違いを起こさないようにします。

６）真意をつかむ

話し手の真意をつかむには，言葉だけに頼らず，表情，態度など周辺言語からも読み取る努力をしましょう。聞き手としてこのレベルまで到達できれば，相手に満足を与えることができるでしょう。

3 敬語の使い方

- 尊敬語と謙譲語を混同しない。
- 二重敬語に注意。
- 社外の人に対して，社内の人への敬語は使わない。

基礎知識

1．敬語の種類

敬語には，直接的に相手に敬意を表す「尊敬語」，自分のことをへりくだって間接的に敬意を表す「謙譲語」，表現を丁寧にし，相手に敬意を表す「丁寧語」の３種類があります。

1）尊敬語の形

①「れる」「られる」を付けて敬意を表す形式

例）行かれる，歩かれる，話される

②「お（ご）～なる」の形式

例）お聞きになる，お待ちになる，ご覧になる

2）謙譲語の形

①「お（ご）～する」の形式

例）ご案内する，お会いする，お送りする，お知らせする

②「お（ご）～いただく」「お（ご）～願う」の形式

例）お考えいただく，ご案内いただく，お待ち願う

③「～ていただく」の形式

例）渡していただく，話していただく，知っていただく

3）丁寧語の変化

丁寧語の３段階は，下表の通りです。これらの言葉は，相手との人間関係やその場の状況によって変わります。

普通の言い方（常体）	丁寧な言い方（敬体）	改まった言い方（最敬体）
する	します	いたします
ある	あります	ございます
聞く	聞きます	承ります
食べる	食べます	いただきます
思う	思います	存じます

2．違う言葉に置き換えて敬語にする形（交換形式）

前項で述べた，普通の動詞に言葉を付け加えて尊敬語や謙譲語に変える形式のほかに，敬語用の言葉に置き換えて使う方法もあります。代表的なものを表にまとめました。

普通の言い方	尊　敬　語	謙　　譲　　語
する	なさる	いたす
言う	おっしゃる	申す
聞く	お耳に入る	伺う，拝聴する
見る	ご覧になる	拝見する
行く	いらっしゃる	参る，伺う
来る	いらっしゃる	参る
いる	いらっしゃる	おる
食べる	召し上がる	いただく
知っている		存じ上げる
会う		お目にかかる，ご覧に入れる
着る	召す	
見せる		お目にかける，ご覧に入れる
気に入る	お気に召す	
与える	賜う，くださる	差し上げる
訪ねる	いらっしゃる	お邪魔する，伺う
借りる		拝借する

3．間違えやすい職場の敬語

1）尊敬語と謙譲語を混同しない

誤）受付で伺ってください

正）受付でお聞きになってください

誤）会社に参られるのをお待ちしております

正）会社にいらっしゃるのをお待ちいたしております

2）二重敬語に注意

誤）お客さまがおいでになられました

正）お客さまがおいでになりました

誤）部長がそうおっしゃられました

正）部長がそうおっしゃいました

3）動物や自然現象などに敬語は使わない

誤）今日は風がお強いですから，お気を付けください

正）今日は風が強いですから，お気を付けください

誤）社長のお宅には，素晴らしい犬がいらっしゃいます

正）社長のお宅には，素晴らしい犬がいます

4）社外の人に対して，社内の人を言うときは敬語，敬称は使わない

誤）社長さんは3時に戻るとおっしゃっていました

正）社長の○○は3時に戻ると申しておりました

＊ただし，話す相手が社内の人の身内であれば，敬語，敬称を使います。

覚えておきたい接遇用語

来客との会話では多少改まった言葉遣いが必要になります。以下に秘書がよく使う接遇用語を挙げておきましたので，参考にしてください。

普通の言葉	丁寧な言葉（接遇用語）
わたし，わたしたち	わたくし，わたくしたち
誰	どなた様，どちら様
○○会社の人	○○会社の方
ないんです	ございません
そうです	さようでございます
ごめんなさい，すみません	申し訳ございません
分かりました	かしこまりました
いいです	承知いたしました
分かりません	分かりかねます
知りません	存じません
できません，やれません	いたしかねます
そうですね	ごもっともでございます
いいですね	大変結構でございます
すみませんが	恐れ入りますが
どうでしょうか	いかがでございましょうか
せっかく来てくれたのに	せっかくおいでくださいましたのに
声が聞こえないのですが	（少々）お声が遠いのですが
ちょっと待ってください	少々お待ちください（ませ）
今席にいません	ただ今席を外しております

4 電話の応対

電話が聞き取りにくいとき

- 聞き取りにくいことを相手に伝えた上で，場所や受話器を変えてみる，改めてかけ直すなど対処する。

上司に取り次ぐとき

- 上司が在席の場合は，相手と用件を確認して取り次ぐ。
- 上司が不在のときは相手に不在を告げ，「ご用件をお伺いできますでしょうか」と伝言を承る旨申し出る。
- 上司が会議中，来客中に緊急で電話を取り次ぐ場合は，用件の概略をメモにして上司に伝える。口頭での取り次ぎは避ける。

複雑な内容を説明するとき

- 電話では要点だけを話し，後は直接会って話すか，あるいは文書にするなど，別の手段を考える。

相手の話が要領を得ないとき

- 「お尋ねの件はこれこれでございますね」など話をまとめる手助けをする。

間違い電話がかかってきたとき

- 「こちらは○○番ですが……」と相手に間違いを気付かせる。

基礎知識

1．電話が聞き取りにくいとき

電話は相手の顔が見えませんから声だけが頼りです。相手の言葉が聞き取りにくいときなど，何度も聞き返すわけにもいかず困ることがあります。このような場合の対応策を挙げてみます。

1）聞き取りにくいことを相手に伝える

「申し訳ございません。お声が少々遠いようですが……」などと伝えます。

2）場所や受話器を変えてみる

周りが騒々しくて電話が聞き取りにくい場合は，「恐れ入りますが，静かな場所に移りますので，少々お待ちくださいませ」などと言って，場所や受話器を変えてみる。

3）改めてかけ直す

内容によっては大きな声で話せない場合もあります。そのようなときは，相手の立場を考えて「後ほど改めてお電話をいたしたいと思いますが，いかがでしょうか」と言うのも一つの方法です。

2．上司に取り次ぐとき

秘書が受ける電話は，上司への取り次ぎが主なものになります。次に三つのケースに分けて，電話の受け方の要領を述べてみましょう。

1）上司が在席しているとき

上司への取り次ぎを求められたら，直ちに取り次ぐのが原則です。しかし，あらかじめ用件を聞いてから取り次ぐ場合や，上司の指示によって直接応答する場合もあります。上司に代わるときは，相手に同じ話を繰り返させないで済むように，用件を要領よく伝えるようにします。

上司が電話口まで時間がかかりそうなときは，「長くなりそうですが，こちらから折り返しおかけいたしましょうか。それともこのままお待ちいただけますか」と，こちらから声を掛け相手の意向を伺います。

2）上司が不在のとき

上司が不在のときは，「あいにく社長の○○は外出しております。私は秘書の△△と申しますが，お差し支えなければご用向きを承っておきますが」のように，積極的に応対するように心掛けます。伝言を頼まれたら，５Ｗ３Ｈの要領でメモを取り，復唱して確認をとります。メモには，相手の名前と会社名，電話番号，用件，電話連絡の必要，受付日と時刻，受付者の名前を明記し，上司が帰社したら電話のあったことを口頭でも伝えます。

3）上司が会議中（来客中）のとき

「あいにく席を外しておりますが，お急ぎのご用向きでしょうか」と尋ね，緊急と判断したら，いったん電話を切って上司にメモで伝え指示を得ます。

3．複雑な内容を説明するとき

込み入った話をするときは，電話だけに頼るのは考えものです。電話では要点だけを話し，後は直接会って話すか，文書で知らせるなど，別の手段で詳しく説明する方が間違いがありません。

4．相手の話が要領を得ないとき

「お尋ねの件は（ご用向きは）これこれでございますね」などと，話をまとめる手助けをします。「おっしゃりたいことは何ですか」のようにそっけない応対はしないように注意しましょう。

5．間違い電話がかかってきたとき

「お間違えではございませんでしょうか。こちらは○○番（△△社）でございます」と，名乗ります。先方の非であっても丁寧に応対します。

5 効果的な報告の仕方

事実を報告する
- **独り合点や憶測の入っている報告は，その後の対応を誤らせる。**
- **意見を求められたときは事実と自分の意見や憶測とをはっきり区別する。**

具体的に報告する
- **報告の内容をまとめるときは，「YTT方式」「5W3Hの原則」を参考にする。**

基礎知識

1．事実を報告する

報告は事実に基づき，正確に行われなければなりません。独り合点や憶測の入った報告では，報告を受けた人の判断，対応を誤らせることになります。意見を求められたときは，「私の意見としては……」と，事実とははっきり区別できるような形で話します。

2．具体的に報告する

報告内容を具体的にするには，次のような心構えが求められます。

①報告する事柄をいろいろな角度から検討する。
②報告する事柄を十分に準備する。
③報告の原則に従ってまとめる。
④報告文にするときには，その文章を十分に練り上げる。
⑤被報告者から疑問点を出させ，それに答えられるだけの内容を用意しておく。

内容をまとめる際には，次の要点を踏まえましょう。

「ＹＴＴ方式」 Ｙ＝結果の報告（過去 Yesterday），Ｔ＝現状の報告（現在 Today），Ｔ＝将来の予測（未来 Tomorrow）をキーワードにしたまとめ方。

「５Ｗ３Ｈの原則」When, Where, Who, Why, What, How の５Ｗ１Ｈに，How many（どのくらい），How Much（幾ら）を加えたもの。

3．表現に気を付ける

「すごく」「非常に」「ひどい」など過激さを表す形容詞や副詞，「絶対に」などの断定の表現は，誤解を招きやすいので避けるようにします。

6 分かりやすい説明の仕方

予告をしてから説明に入る
- 先に概略を説明する，要点を述べる，用件の件数を予告するなど。

順序よく説明する
- 順序の組み立て方として，場所的，時間的，空間的配列および因果関係による配列などの方法がある。

要点を繰り返す
- 長く，複雑な内容を説明するときは，要点を繰り返すことによって重要箇所を強調する。

● 基礎知識 ●

1．複雑な内容の説明の仕方

上級秘書になると複雑な内容を説明する場面もしばしばあります。一般に簡単なものは，口頭説明で足りますが，複雑になるとメモを使ったり，報告書などの文書にまとめて説明する必要も出てきます。以下にその際のポイントを挙げます。

1）予告をしてから説明に入る

長い話をするときは，あらかじめ「これこれについて説明します」と予告すれば，聞く側も話を受け入れる態勢をとれ，説明の効果を上げることができます。予告の仕方は概略（アウトライン）を述べる，要点（ポイント）を示す，説明する件数を挙げるなどあります。

2）順序よく説明する

どのような順序が一番分かりやすいかは，話の内容によってさまざまです。代表例としては「時間的な配列」「空間（場所）的な配列」「既知から未知への配列」「重要度に従った配列」「因果関係（原因から結果へ，またはその逆）による配列」などがあります。

3）要点を繰り返す

「今まで話したことの要点は二つ。一つ目はこれ，二つ目はこれ」というように，整理しながら説明すると，記憶にとどめやすくなります。

7 説得の仕方と断り方

説得を成功させるための条件

● 「相手の不安を取り除く配慮（心理面，能力面，経済面，物理面）」「タイミングを見計らい，積極的に働き掛ける」「繰り返し，時間をかけて説明する」「ときには第三者の力も借りる」

しこりを残さない断り方（逆説得）

● 「最後まで相手の話を聞く」「先手を取って，予防線を張る」「『ノー』をはっきり言う」「断る理由や根拠を示す」「代案があればそれを示す」

● 基礎知識 ●

１．説得の方法

１）チャンスを逃さず，積極的に働き掛ける

タイミングを逃さず，積極的に働き掛けます。これを誤ると，相手がちゅうちょしたり，不安に思ったりしがちです。

２）繰り返し時間をかけて説得する

１回で説得できるとは限りません。必要ならば何回でも説得します。

３）第三者の力を借りる

自分の力だけではどうにもならないときは，他人の力を借ります。

２．しこりを残さない断り方（逆説得）

１）最後まで相手の話を聞く

秘書は人からの依頼や説得に対して，相手の気持ちを損なわないような断り方ができなければなりません。たとえ最終的に断るにしても，最後まで相手の話に耳を傾けて誠意を示します。

２）先手を取って，予防線を張る

多忙で時間が取れない旨伝えるなど，予防線を張るのも効果的です。

３）「ノー」をはっきり言う

曖昧な断り方をしたのでは，相手は都合よく解釈します。明らかに駄目なときははっきり「ノー」を言うことも重要です。

４）断る理由や根拠を示す，代案を提示する

断る理由，根拠をきちんと示し相手に納得してもらうことが必要です。また，代案があるならば提案してあげるとよいでしょう。

8 効果的な注意の仕方

注意を受けるときの基本的な心構え

- 誰が言ったかではなく，何を言われたかを考える。
- 「申し訳ありません」と素直にわびる。
- 責任を回避しない。
- 注意された内容を冷静に受け止める。

注意するときの基本的な心構え

- 原因をつかむ，事実関係を確かめるなど，注意するに当たっては十分に下準備をする。
- 注意するときは，相手の気持ちを考えながら話す。
- 注意した後も，責任を持って相手を見守る。
- 自分の立場をわきまえ，どうすれば相手に受け入れてもらえるか考える。

基礎知識

1．注意を受けるときの基本的な心構え

自分のことは分からないもので，人から指摘されて初めて気付くことが多々あります。特にマイナス面を指摘してくれる人がいれば，それを改めることによって人間的にも成長できます。とはいえ自分のマイナス面を指摘されると，反発したくなるのが人情です。しかし，それではせっかくの注意も生かされません。そこで注意を受けたときは，「誰が言ったか」ではなく「何を言われたか」を重視し，冷静に受け止めること，さらに非があれば素直に謝ることです。

2．注意するときの基本的な心構え

注意の目的は，相手に気付かせて改めてもらうことですが，仕方によってはかえって反発を招き，逆効果になります。それだけに注意は慎重に行わなければなりません。注意するときの注意点を以下に挙げます。

① 原因を分析する，事実関係を確かめるなど，話す内容を十分準備する。感情に任せた言い方は厳禁。
② 注意は1対1が原則。他人の前での注意は反発感情を招く。
③ 相手の長所を認めながら話すなど，相手の気持ちも配慮する。
④ 注意したことが改まっているか責任を持ってフォローする。
⑤「……と思うのですが，いかがでしょうか」と提案するような形にする。

9 交際の業務

慶事に関連した秘書業務

- 招待状を発送するときは，招待状に整理番号を書き入れておくようにする。

弔事に関連した秘書業務

- 関係者の訃報に接したときは，逝去の日時，通夜の場所，葬儀の形式（宗教），喪主の氏名と電話番号など必要事項を確かめてから，上司に報告する。

弔事の心得

- 仏式，神式，キリスト教式のそれぞれの礼拝の仕方を心得ておく。

贈答の心得

- 現金の包み方は祝儀と不祝儀によって異なる。それぞれのマナーを知る。

慶弔時の服装

- スタッフとして結婚式に出席する場合は，準礼服が適当。
- 弔事の際は，光沢のない黒のワンピース，スーツなど。アクセサリーは結婚指輪以外は着けない。ただしパール（一連のネックレス）はよい。

基礎知識

1．慶事に関連した秘書業務

上司主催の祝い事には，秘書もスタッフとして加わります。招待状の印刷，発送，当日の受付，控え室の準備，車の手配などが主な仕事です。裏方へのご祝儀などの心配りも欠かせません。招待客が多数の場合は，招待状に整理ナンバーを付けて当日持参してもらうなど，受付に用意したリストと素早く照合できるように工夫します。

結婚披露宴の式次第は一般に，①司会のあいさつ・始まり，②媒酌人のあいさつ，③主賓の祝辞，④乾杯，⑤食事，⑥来賓あいさつ，⑦両親に花束贈呈，⑧両家あいさつ，⑨閉会のあいさつと続きます。

2．弔事に関連した秘書業務

関係者の訃報に接したときは，①逝去の日時，死因，②通夜の場所，日時，

③葬儀の形式，場所，日時，④喪主の氏名，住所，電話番号，をまず確認し，さらに場合によっては，社内からの参列者を確認して上司に報告します。

秘書が上司の代理で告別式などに参列する場合は，受付で上司の名前を記帳し，（代）と書き添えます。

3．弔事の心得

弔事は「通夜」，「葬儀」，「告別式」の順で行われ，仏式や神式では葬儀の後すぐ告別式が行われます。

通夜で一晩過ごすのは，遺族やごく近しい親戚だけで，その他の人は定められた時間に参列します。上司が故人と関係が深かった場合は，通夜にも参列することになります。

葬儀は，遺族や親戚などが集まって行う儀式で，仏式の場合は僧侶の読経や遺族，親戚の焼香が行われます。葬儀の後，引き続き告別式が行われます。告別式は故人と縁のあった人たちが最後の別れを惜しむ儀式で，参列者は進行係の案内に従って前の方から順次焼香していきます。葬儀・告別式とも時間が定められているので，告別式に参加する場合はその時間内に行きます。

①仏式の告別式では，一般的に祭壇の両側の席に遺族と親族が並び，祭壇の正面の席に会葬者が座ります。②僧侶の読経が始まり，会葬者は前の席から順に焼香します。③用事がある場合は，焼香が済んだらそのまま帰ってもよいですが，できれば告別式が終わってからの出棺を見送るようにします。④告別式で取引先など顔見知りの人と出会っても，黙礼する程度であいさつなどは慎むのが礼儀です。⑤告別式では，喪主にあいさつしないで帰ってもよいことになっています。

4．贈答の心得

祝い事や弔事の際，現金や品物を贈るときの，のし紙に書く文言を「上書き」と言います。贈る趣旨を表す言葉を上半分に（表参照），贈り主の名前を中央下部に書きます。連名のときは，右側を一番上位の人にして順に署名します。贈り主の名前は上部の字よりやや小さく，弔事のときは薄墨で書くようにします。

上書きの用語		適　用　例
慶事	御　祝	結婚・結婚記念日・出産・新築・開店（業）・入学・卒業などの一般慶事。
	寿	結婚・結婚記念日・賀寿など。
	内　祝	慶事・出産・快気祝い・新築の当人からのお返し。

上書きの用語		適　用　例
弔事	御霊前・御香典・御香料／御仏前	仏式の葬儀・告別式／法要。
	御霊前・御神前・御玉串料・御榊料	神式の葬儀・告別式・霊祭。
	御霊前・御花料・御花輪料	キリスト教会の葬式・追悼・記念式。
	御ミサ料	カトリックの場合の葬儀。
	志・忌明	香典返し。仏式・神式の場合。
	御布施	葬儀や法事で，僧侶に出すお礼。
その他	謝礼・薄謝・寸志	一般のお礼。 寸志は祝儀・不祝儀に関係なく，目下の人に謝礼を包むときに使う。
	御見舞・祈御全快	病気・けが・入院したとき。
	御見舞・震災（水害）御見舞・火災（近火，類焼）御見舞	災害や火災などのお見舞。
	記念品・記念品料・御餞別	転勤や送別会のとき。
	粗　品	他家訪問のときの手土産。
	御祝儀・御奉納	地域の祭礼への寄付，心付け（チップ）。

５．慶弔事の服装

１）結婚式

男性は略礼服かダークスーツに白ネクタイが一般的です。女性は正式にはアフタヌーンドレスかイブニングドレスですが，上司の子女の結婚式などでスタッフとして出席するときは，終了後に職場に戻って仕事をすることもあるので，準礼服や改まったスーツで十分です。

２）弔事

遺族，親族などの男性はモーニングですが，一般会葬者は略礼服かダークスーツでよいでしょう。白ワイシャツ，黒ネクタイ，黒靴，黒靴下とします。

女性は喪服ないしは光沢のない黒のワンピース，スーツを着用します。靴，靴下，ハンドバッグも黒で統一します。化粧は控えめにし，結婚指輪，パール（一連）以外のアクセサリー類は着けないようにします。

チェックポイント　◎「寸志」は祝儀，不祝儀に関係なく，目下の者に対しての謝礼を包むときに使われる上書き。

技能

1 会議の目的と形式

会議の目的

- 出席者相互のコミュニケーションを図る場
- 情報伝達，意見交換，アイデアの収集，合意に基づいた意思決定の場

会議の形式

- 公開の会議としては，パネル・ディスカッション，シンポジウム，フォーラム，バズ・セッションなど。
- 非公開の会議としては，連絡会議，諮問答申会議，意思決定会議，アイデア会議，研究会議，研修会議など。
- 株式会社の重要会議として，株主総会，取締役会，常務会がある。

会議についての秘書の心得

- 会議用語の意味を理解する。
- 国際化時代を反映して国際会議が頻繁に行われるため，英語（語学）などの教養，知識を身に付ける。

基礎知識

トップクラスの役職者の場合，仕事の大半を会議が占めているといっても過言ではありません。そのため秘書は，会議がスムーズにはかどるように，準備から後始末まで手際よくサポートしなくてはなりません。

1．会議の目的

会議はコミュニケーションを図るためのものですが，その狙いは，①衆知を集める，②合意を得る，③共通の結論を得る，④チームワークをよくするなどです。これらのポイントを踏まえた上で会議がスムーズに運ぶように上司の手助けをします。

2．会議の用語

招集・召集　関係者に会議への出席を呼び掛けること。「召集」は国会だけに使われ，一般的には「招集」と言う。

議案　協議する項目のこと。複数の場合は「第１号議案」「第２号議案」のように番号を付けて区別する。

定足数　会議の成立・議案の決定に必要な最少人員数のこと。

一事不再議の原則　一度会議で決定した事項は，その会期中二度と持ち出せないという原則。

議決権　議案の決議に参加する権利のこと。
動議　会議中に予定以外の議題を出すこと。または，その議題のこと。
採択　議案や意見を取り上げて，受け入れること。
採決　挙手，起立，投票などで，問題の可否を決定すること。
諮問・答申　上級者（組織）が下級者（組織）に何かを尋ねることが諮問，その答えが答申。
諮問委員会　諮問された問題を検討し，答申を行う機関。
オブザーバー　会議などの参加者で，議決権のない人。

3．公開会議の形式と目的

新製品発表や研修のための討論会など，幾つかの形式があります。
パネル・ディスカッション　相互に知識を広める目的で代表者５～６名がパネリストとして討議を行い，参加者が聴衆となる形式。パネリストは最後に聴衆から質問を受ける。
シンポジウム　さまざまな立場の意見が必要なとき，４～５人の専門家が異なった立場でそれぞれ意見を発表し，聴衆と質疑応答する形式。
フォーラム　公開討論会のこと。予定された講義や討論の後，参加者全員が意見交換する形式。
バズ・セッション　参加者が多数の場合，小グループに分かれて討議をしてその後，各代表者が結果を報告する形式。

4．非公開会議の形式と目的

社内会議のほとんどは非公開で，大部分は参加者全員が自由に討論できるような円卓式で行われます。
説明会議（連絡会議）　伝達や連絡のために行われる頻度の高い会議。
問題解決会議（意思決定会議）　メンバーに意見を出させ，問題を解決するための最善策を討議するもの。経営管理上の決定権限を持っている。
研究会議　研究の促進や研究発表のために行われる会議。情報交換，相互啓発の目的も含む。
研修会議（教育・訓練会議）　与えられた課題に沿って参加者が討議する相互啓発の促進を目的とする教育方式。
アイデア会議　商品名やキャッチフレーズを決める際によく使われる。メンバーが自由にアイデアを出し合う。

5．株式会社の重要会議

株主総会　株主が集まり会社運営上の基本事項を定める最高機関。年１回以上の開催が義務付けられている。
取締役会　取締役が集まり，経営活動全般の基本方針を決定する。
常務会　社長の補佐機関として，会社の業務執行の最高方針を決める重要な会議。

2 会議と秘書の仕事

会議の計画作り
- 出席者に都合のよい会議場を選定する。
- 議題に関する情報収集と進行表を用意する。
- 開催通知の仕方とその期限を検討する。
- 会議場のレイアウト，用具の準備。
- 会議中の記録の方法と手順について考える。
- 飲み物や食事など会議中の接待について考える。

会議運営の手助け
- 出欠を確認した上で，出席状況を上司に報告する。
- 冷暖房，換気，騒音など会議場の管理をする。
- 会議中の電話の取り扱いに注意する。
- 茶菓や食事など，出席者への接待を行う。
- 秘書も議長を把握しておく。

会議の事後処理
- 社外出席者用の車の手配，会議場の後片付けなど。

議事録作成

基礎知識

1．会議の準備と計画

上司の関係する会議については，秘書は次のことを把握しておく必要があります。どういう目的の会議か，上司が主催するのか単なる出席者なのか，社内の会議か社外の人を招いて行う会議か，定例会議か臨時会議かなど。上司が主催する場合の秘書の役割を以下にまとめます。

1）会議の計画

上司とよく相談した上で準備します。特に会場の選定については次の点に注意します。①人数に対して広さは適当か，②明るさは適当か，③騒音が気にならないか，④室温，換気は調節できるか，などです。外部の会場を使うときは下見をし，会場のスタッフとも打ち合わせしておきます。

2）会議の開催案内

会議開催の連絡方法には，文書・電話・口頭・社内メールなどがあります。社内の場合は電話・社内メールや簡単な文書で通知しますが，社外の場合は案内状を出します。期限は約１カ月前が目安です。

案内状には会議の名称，議題（開催の主旨），開催場所（地図，電話番号などを別紙で添える），出欠の連絡方法と締切日，主催者と連絡先（担当者名も）を記入します。さらに駐車場の有無，食事を出すときはその旨，資料や注意事項なども添えるとよいでしょう（図１参照）。

図１　臨時役員会開催通知状の例

令和○○年○月○日

役員各位

日本○○事業協議会
会長　○○　○○

臨時役員会の開催について（ご通知）

拝啓　平素は格別のご高配を賜り，厚く御礼申し上げます。
　さて，当協議会創立20周年記念行事の開催について，下記の通り臨時役員会を開催いたしますので，ご出席くださいますようお願い申し上げます。
敬具

記

1　日　時　　令和○年○月○日（水）15時から16時30分まで
2　場　所　　○○ホテル　6階会議室
3　議　題　　創立20周年記念行事について
4　ご出欠　　○月○日までに，同封の出欠はがきでお知らせください。

　なお，会議終了後，懇親会を行います。ご都合のつく方はご参加ください。

同封　1　日本○○事業協議会創立20周年記念行事（案）　1
　　　2　出欠はがき　1　以上

担当　△△株式会社　秘書課
電話　03-3200-6675

３）会議の設営

まず座席の配置をします。人数，会議の目的，会場の広さなどに応じて考えましょう。参加人数が少ない場合は，フリートーキングしやすいように円卓式かロの字形がよく用いられます。人数が多い場合は教室式（議事式）がよいでしょう（図２参照）。座席の配置が決まったら必要な備品をセットします。

図２　机と椅子の配置

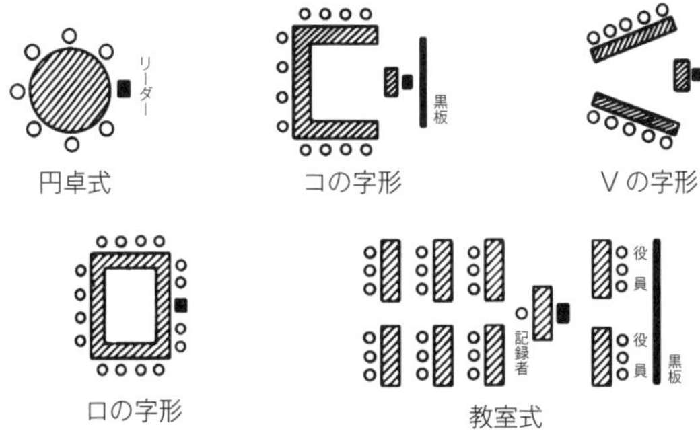

２．会議中の仕事

１）出欠調べ

秘書はあらかじめ出席予定者の一覧表を作成し，会場で出欠を取り，出欠状況を上司に報告します。定刻になっても来ない人には電話で連絡を取り，開始を遅らせるときには了解を取ります。

２）会議中の電話

上司と事前に相談し，取り次ぎはどうするかを決めておきます。ただし緊急度，重要度によっては，その場で秘書が判断します。

3）会議場の管理

会議場の冷暖房，換気，騒音などの配慮，調節をします。また関係者以外の部屋の出入りのチェックや，預かった持ち物の保管も確実に行います。

4）接待

会議中の飲み物や食事のサービスも秘書の仕事です。長時間にわたる会議の場合，頃合いを見計らって飲み物を出します。午前１回，午後１回くらいが目安でしょう。食事は前もって出席者に希望を聞いておくなど，予定時間にきちんとサービスできるように事前の準備をしておきます。

3．会議の後始末

会議が終わったら秘書は出席者を送り出して後始末をします。その際次のことがポイントになります。①車で帰る人の配車手配，②預かった荷物の返却，③伝言のある人への連絡，④忘れ物の点検，⑤火の後始末，⑥冷暖房，換気扇，照明のスイッチオフおよび戸締まり，⑦手伝ってもらった人に対するお礼。

4．議事録の作成

議事録には簡単なものから公式なものまでありますが，いずれにしても分かりやすい記録が必要です。会議の経過を明らかに結論は明確にします。

1）公式の議事録

株主総会などの議事録は会社法で作成が義務付けられています。議事内容は，どういう手順で誰が議長に選ばれたか，誰を議事録署名人にしたか，どんな議案で誰が発言し，どう採決されたかを簡潔にまとめます。

2）略式の議事録

社内での簡単な会議の場合は，メモを基に作成し，上司にチェックしてもらった上でまとめます。作成した議事録は，関係者に回覧したり，複写して配ったりします。原本は大切に保管し，社外秘の事項については内容が漏れないようにするのも秘書の仕事です。

図３　議事録の例

○○会議議事録

1．年　月　日：
2．会場所在地：
3．会 員 総 数：
　出 席 者 数：
　委任状出席者数：
　出席者合計：
4．議案：
　第１号議案：
　第２号議案：
5．議　長　名：
6．議　　　事：
　（内容）
　年　月　日

議事録署名人

印

印

3 社内文書

基本は正確な内容と分かりやすく簡潔な文章

- 規定など不特定者に宛てる文書に「である」体を使う以外は，たいていの文書は「です・ます」体。表題を付け，その末尾に（　）で文書の性質を表す言葉を入れる。文書の最終行の行末に「以上」と記す。
- 受信者，発信者ともに個人名でなく職名で記す。
- 横書き，算用数字，漢数字を用いる。年月日と文書番号を入れる。

社内文書の種類

- 通知文，案内文，稟議書，報告書など。

原稿の清書とチェック

- 文書作成は，ほとんどパソコンなどのＯＡ機器で行われる。
- 入力ミスのないように注意するとともに，入力が終わったら必ず読み直し，誤字・脱字がないかチェックする必要がある。

● 基礎知識 ●

1．社内文書作成上の留意点

1）文体

規定・通達など不特定者に宛てる文書は「だ・である」体を用い，特定者に宛てる文書は「です・ます」体を使います。

2）本文

社内文書の場合，頭語・結語，前文，末文は必要ありません。用件は簡潔にまとめ，最後の行末に「以上」と記します。また頻繁に使われるものはフォーム化し，必要事項だけその都度記入します。

3）受信者（宛て名）

普通は職名を用い，個人名は付けません。敬称は「様」を使うことが多く，複数の場合は「各位」を用います。「様」と同義。

4）発信者

受信者同様，職名を用います。押印は不要です。

5）表題

本文の内容を分かりやすく表したもので，発信者名の下一行を空けた行の中央部に書きます。また文書の種類が分かるように，表題の末尾にかっこ書きで，

「(通知)」「(回答)」などと記します。

6）文書番号

正式な文書には日付の上に付けます。簡単な文書には用いません。

7）記書き（別記）

本文に書き込むと長くなるような事項は，記書きにします。項目ごとに番号を振り，箇条書きにするとよいでしょう。

8）担当者（発信者と別の場合）

内容の問い合わせ先として文書の最後に記します。

2．社内文書の種類

1）稟議書

担当者の権限では実行できないような重要な案件の場合，その事柄について決定権を持つ経営管理者に承認・決裁を仰ぐために用いる文書。

2）報告書

出張報告書，受講報告書，調査報告書，事故報告書などがあります。また，日報・週報・月報のような定例の報告書もあります。まず目的を明確にし，関係資料や情報を収集します。結論や重要事項は先に記述し，理由や経過は後回しにして分かりやすい文章を書きます。

3）通知文

上層部で決定した命令や指示を下部に伝える文書。組織の再編成，人事異動，社内規則の変更などが主な内容です。伝達内容を間違えたり，事前に内容が漏れないよう注意します。

4）案内文

研修会の参加を呼び掛けたり，健康診断の案内をするときなどの文書。社員の便宜を図るためのもので，強制力はありません。

3．原稿の清書とチェック

文書の清書はほとんどパソコンなどのＯＡ機器で行います。段落の初めは改行し，一字下げるのが基本です。入力が終わったら必ず読み直し，誤字・脱字がないかチェックします。

また，部数の多いものや社内報など外部に印刷を委託する場合は，必ず試し刷りを出してもらいます。これを「校正（ゲラ）刷り」といいます。原稿と照らし合わせながら，決められた校正記号を使って間違いを訂正し，印刷所に戻します。

チェックポイント ◎社内文書は簡潔さが優先する。頭語・結語・あいさつ文は不要。

4 社外文書

社外文書の作成

- 用紙はＡ４判が一般的。パソコンなどで仕上げる。
- 文例集などが既にできている企業もある。一般的な書式に従う。

文書用語の理解

- 社外文書で使われる慣用句や文書用語を整理して覚える必要がある。

社交文書の作成

- 秘書は上司の社交文書の代筆や原稿を書くことも多い。

基礎知識

1．社外文書のスタイル

社外文書は,「前付け」「本文」「後付け」の三つの部分から成り立っています。作成上の注意点を以下に説明します。

1）前付け

①**文書番号**　文書を個別に識別するための記号です。

②**発信日付**　月日だけでなく必ず元（年）号も書きます。

③**受信者名**　宛て名のことです。会社名，役職名，氏名を略さずに書きます。通常は様，殿を使い，複数の時は各位，会社や団体宛てのときは御中を用います。

④**発信者名**　受信者名の次の行から右寄せに書きます。受信者と同格の役職者名を書くのがマナー。

2）本文

⑤**表題**　件名ともいい手紙の内容を簡潔に表したタイトルのことです。

⑥**前文**　用件に入る前のあいさつ文です。必ず前に「拝啓」などの頭語を付け，一字分空けてから書き出します。

⑦**主文**　行を改めて一字下げ,「さて」「つきましては」などから書き始めます。用件のポイントを押さえ，簡潔に分かりやすく書きます。

⑧**末文**　改行一字下げで始めます。内容のまとめと終わりのあいさつを兼ねる文です。前文の頭語と対応して，最後に「敬具」などの結語を用います。

⑨**記**　本文を補足する場合，添え書きとして書き足します。「記」と中央に書き，箇条書きにするとよい。

3）後付け

⑩ **追伸**　追記したいことがあれば，「なお」で始めて書き入れます。

⑪ **同封物**　資料などを同封するときは，必ず名称と部数を書き足します。

⑫ **以上**　文書の終了を示す。

⑬ **担当者名**　右下に担当部門，担当者名を入れます。

図4　社外文書の例

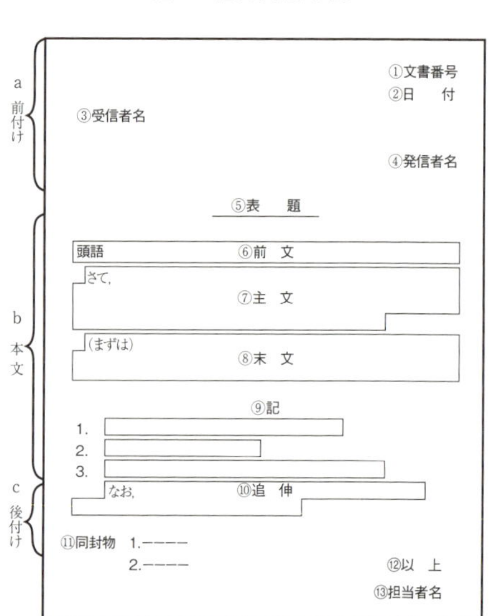

2．社外文書の慣用句

時　候	あ　い　さ　つ　文
正　月	あけましておめでとうございます　新春の候，初春の候（1月）
冬	寒さ厳しゅうございますが　厳寒の候（1月）
春	よい季節になりましたが　陽春（春暖）の候（4月）
秋	しのぎよい季節になりましたが　秋冷の候（10月）
暮　れ	暮れも押し迫ってまいりましたが　歳晩（師走）の候（12月）

3．社交文書の種類

上司の役職が上になるほど交友関係も広くなり，社交文書を書く機会も増えます。ポイントは心の込もった文面できれいに書くことです。

1）慶弔状　相手との関係をわきまえ，心を込めて書きます。

2）礼状　相手への感謝の気持ちを表すための文書。タイミングが大切です。

3）見舞状　災害，病気など事実をよくわきまえた上で書きます。

4）案内・招待状　会合やパーティーの開催通知ですから，上手にアピールする工夫も必要です。ただし丁寧さを失わないように気を付けます。

5）あいさつ状　儀礼的なものなので，格式にのっとって書きます。

6）紹介状　知人を紹介するためのものですから，紹介する人，される人の両方への配慮が必要です。

5 メモとグラフ

メモ（要領筆記）の書き方

● 憶測や勝手な判断を入れず正確に書くのが原則。5W3Hを押さえる。

グラフの書き方

● 棒グラフ，円グラフ，折れ線グラフなどの書き方をマスターしておく。

● 基礎知識 ●

1．正確で分かりやすいメモを書く

後で読み返したときに正確な判断ができるように，次のことに注意します。①憶測や勝手な判断を入れない，②5Ｗ３Ｈの原則をチェックし聞き漏らしのないようにする，③メモを取り終えたら復唱する。

2．折れ線グラフと棒グラフ

調査したことを一目で比較検討し，全体像を把握できるのがグラフの特徴です。棒は数量比較，折れ線は推移比較に役立ちます。作表上の注意点は，①タイトルを付ける，②基点は０から，③２種類以上の内容を一度に表記するときは，凡例を付ける，④数値を示す位置は線の上端，⑤棒の幅は均一。

3．円グラフ

数量の割合を示すときには，全体を100％として円グラフを用います。同種のものには帯グラフもあります。円グラフ作成の手順は次の通りです。①構成比を求める，②角度に換算する，③円を描き基線（円の頂点と中心点を結ぶ）を入れる，④大きい比率のものから右回りに書き入れる（「その他」は比率の大小に関係なく最後に），ただし，調査項目などで「非常によい」「よい」「どちらともいえない」「よくない」といった項目の場合は，比率に関係なくこの順に並べるとよい。⑤構成要素と比率を記入する，⑥見分けやすくするため斜線や網をかける，⑦タイトル，資料の出どころなどを記入する。

図５　円グラフと帯グラフの例

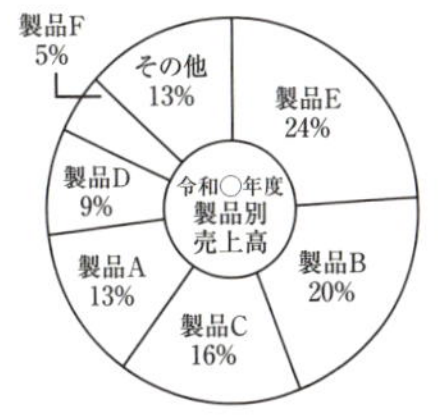

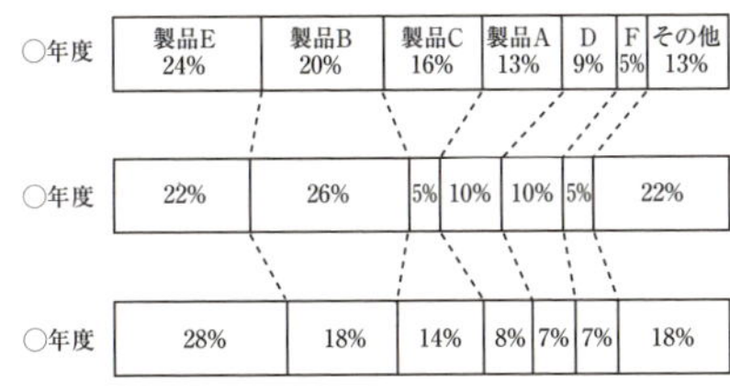

6 文書の取り扱い

文書の受・発信事務

- **上司宛ての文書を受信したら，秘書が開封するものとしないものに分け，必要に応じて処理をする。**

発送事務の知識

- **秘書は発信物を間違いなく，緊急度，重要度に応じて相手に届くように手配しなければならない。**

基礎知識

1．文書の受信事務

まず，上司宛ての文書は開封してよいものといけないものに分けます。「親展」「書留」「私信」「秘」扱い以外の文書は開封しても構いません。開封したら次のことに注意しましょう。①重要・緊急のものは区分する，②文書は封筒と一緒にクリップで留め，重要·緊急書類を上にして上司に渡す，③ダイレクトメールなど，必要外のものは捨てるか直接担当者に渡す，④請求書の精算など内容をチェック，⑤必要資料を添えたり，文書の要点をメモしたりする。

2．文書の発信事務

発信文書は，文書をチェックしてから必要であればコピーを取って控えを作ります。文書の封入は文面を内側にして三つ折りにするのが一般的です。封筒は，貼り付けた切手が間違っていないかよく注意します。

3．郵便とその他の発送手段

現在では郵便の他に，宅配便，航空便，バイク便などの運送サービスが発達しています。緊急度とコストのバランスを考えて利用できるよう，普段から把握しておく必要があります。

郵便の種類は以下の通りです。

1）一般郵便物

大きさや重量が第1種郵便物を超える場合は，ゆうパックとして送るとよいでしょう。また1kgまでの書籍やカタログならゆうメールが安上がりです（要一部開封）。急ぎのときは，速達などを利用します。

2）重要なものを郵送する場合

簡易書留，一般書留，現金書留などで送ります。さらに，引受時刻証明，配達証明，内容証明，代金引換などの手続きをとることもできます。

3）大量発送の場合

切手を貼る手間を省いたり，料金割引など便利なシステムがあります。

① **料金別納**　同一料金の郵便物を一度に10通以上（小包も同様）送る場合に使います。封筒に料金別納の表示をし，一括で料金を納入します。

② **料金後納**　郵便物を毎月50通以上発送するときのシステムです。毎月の郵便料金は翌月の末日までに現金で納付します。

③ **料金計器別納**　利用者が郵便料金計器を手元に置き，計器がカウントした料金を別納する方法です。切手の部分がスタンプになっています。

④ **区分郵便物**　同一形状・重量の封書，はがきを一度に2,000通以上，郵便番号ごとに区分けして差し出すと料金割引になります。

⑤ **郵便区内特別郵便**　差出局と同じ郵便区内宛てに，100通以上まとめて出す場合，割引があります。①～③を利用したときに限ります。

⑥ **料金受取人払**　アンケートの回収など，差出人に負担を掛けたくないときに利用します。受取人は，郵便料金と所定の手数料を払います。

4）国際郵便

大切なものを送る場合は，保険付扱いにすることができます。また早く届けたいときはEMSにします。荷物の追跡調査も可能です。

4.「秘」扱い文書の取り扱い

秘書は仕事柄「秘」扱い文書を扱う機会も多くなります。そのとき大切なのは，当事者以外の人に「秘」扱い文書だと悟らせないことです。

1）人目につく場所に放置しないようにします。席を外すときなどは必ず引き出しにしまいます。

2）持ち歩くときは封筒に入れ，本人に渡す際には，文書受渡簿に記入し受領印をもらうシステムをとっている会社もあります。

3）郵送の場合は封筒を二重にし，内側の封筒に「秘」の印を押します。「親展」あるいは簡易書留扱いにすると確実です。

4）保管は，鍵の掛かる場所が望ましいでしょう。ファイルするときは，一般文書とは別に金庫や耐火キャビネットを使います。

5）破棄する場合は，シュレッダーにかけます。ごみ箱などにそのまま捨ててはいけません。

チェックポイント

◎現金書留には手紙や祝儀袋などを同封できる。

◎手形や小切手を送るときは一般書留にする。重要文書は簡易書留で。

◎上司宛ての文書で，速達ならすぐに開封して中身を確かめてから上司に渡す。親展や書留は開封しないでそのまま渡す。

7 ファイリング

● 文書の整理と保管は秘書の大切な仕事の一つ。必要なときにすぐ利用できるように，整理の仕方を工夫する。

● 他の部門に貸し出すことも考えて，貸し出し用のガイドを作っておく。

● 利用価値の少なくなった文書などは，保管場所を移動する。

基礎知識

1．ファイルのまとめ方

1）相手先別整理　相手別に１冊のファイルにまとめます。手紙のような通信文書のまとめ方に，最も適しています。

2）主題別整理　テーマごとに分類する方法です。

3）表題別整理　帳票化された伝票や報告書を，「注文書」などの表題をそのままタイトルにしてまとめます。

4）一件別整理　特定の取り引きや行事など件別に書類をまとめます。

5）形式別整理　文書量が少ないとき，「礼状」「カタログ」「通知文」など文書の形式をタイトルとしてまとめます。

2．ファイルの作り方

まとめた文書は，フォルダーに挟んでキャビネットの引き出しに立てて保管します。一定の基準によって分類し，順序立てて並べます。

1）個別フォルダー

ファイルには必ずタイトルを付けます。検索を簡単にするには，大見出し，小見出しの役目となる第１ガイドと第２ガイドを付けます。

2）雑フォルダー

案件数の少ない書類は雑フォルダーの中に入れます。

3．文書の貸し出し

他の部門に貸し出すときのために，貸し出しガイドも作っておきます。貸し出したときには，必ず借用者名，借用日，返却予定日，文書名などを記入し，間違いのないようにします。

4．ファイルの移し替え・置き換え

半年から１年ごとに，使用頻度の少なくなった文書を整理します。同じ事務所内での場所替えを移し替え，書庫などへの移動を置き換えといいます。

8 資料・情報管理

資料の整理法
- 名刺は最新情報を補足し，カード式に整理しておく。
- 新聞・雑誌の切り抜きはテーマごとにまとめ，ファイルしておく。
- インターネット，メールニュースなどによる情報収集は，パソコンでデータ整理・保存しておく。
- 雑誌や図書は，いつも最新号が閲覧できるようにする。

社内資料の収集
- 必要とする資料がどこにあるかいち早くキャッチする。

基礎知識

1．名刺の整理

名刺はカード式整理がよいでしょう。住所・電話番号・肩書などは，最新のデータにします。受け取った日付と特記事項なども書き入れます。

1）分類方法

会社名別と氏名別の二通りあります。会社別なら業種別に，氏名別なら五十音別にします。秘書用には氏名別に分類した方が便利です。

2．資料・情報の整理

1）注意点

新聞なら翌日，雑誌なら次号が届いてから切り抜きます。必ず紙（誌）名，日付，号数などのデータを記入します。

2）整理の方法

資料・情報によってファイルやフォルダーを使ったり，パソコンを使用してデータを整理しておくとよいでしょう。

3）与えられたテーマ別に

経営，国際，経済，法律問題など，上司の担当業務に関する記事に目を通し，必要なものは切り抜いて整理します。

3．カタログ・パンフレット・文献類の整理

商品別，テーマ別にまとめてファイルし，キャビネット式整理をします。年に1回は古いものを整理します。

4．社内資料の収集

上司が必要とする資料を迅速に用意するためには，資料の所在を日頃から把握しておかねばなりません。他部門に協力依頼する場合もあります。

9 日程管理

日程管理の注意点

● **正確かつ簡潔な予定表が必要である。**

予定の変更

● **迅速にスケジュールの調整をする。**

基礎知識

1．予定表の種類

1）年間予定表

1年間の社内外の主要行事を前年度を参考に表に書き込みます。これをもとに，月間→週間→日々と，より細かい予定表を作り上げます。

2）月間予定表

1カ月の行動予定を表にしたもので，出張，会議，会合，訪問などのスケジュールを記入します。確認は前月末までに行います。

3）週間予定表

1週間の行動予定を書き入れます。前週末までに作成し，上司と確認。

4）日々予定表

上司の一日の行動を綿密に記入します。時分単位で表し，時刻が未定のものや，連絡先の電話番号などは，備考欄に記入するとよいでしょう。

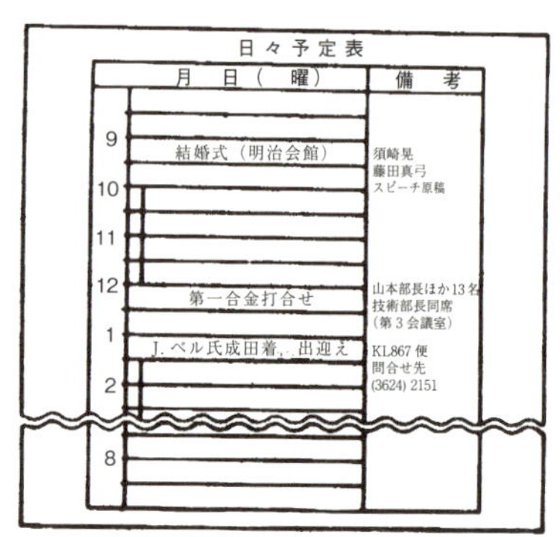

図6　日々予定表の例

2．作成方法と注意点

パソコンを使って予定表を作成する企業が増えていますが，用紙に記入する場合は，それぞれ一枚の紙にまとめ一目で分かるようにします。

3．予定の変更

相手方の都合で変更するときは，秘書は上司と相談して予定を訂正します。こちらの都合で変更する場合は，わびた上で日程調整し，予定表に記入します。

10 環境整備

応接室や上司の部屋の整備
- 清潔で機能性を心掛ける。
- 部屋のレイアウトや机上の整理整頓に気を配る。
- 文房具などの備品は切らさないように注意する。
- 毎朝掃除と整頓をする。
- 照明，防音，空気調節など室内の環境に気を配る。

● 基礎知識 ●

1．備品・消耗品の管理

応接室や上司の部屋に置く備品は格調のあるものを選びましょう。消耗品は必要に応じて補充します。

2．上司の使用する消耗品の管理

①便箋・メモ用紙などは切らさないようにする。
②鉛筆・ボールペンなどは毎朝点検し，書きやすい状態にする。
③日付印などは毎朝日付を合わせる。

3．掃除方法

床，机，事務機器などのほこりを取ってきれいにします。電話は柔らかい布でから拭きします。灰皿，茶器など来客後には必ず片付け，テーブルを拭きます。

4．応接室・上司の部屋の整頓

いつでも客を迎えられて，上司が能率よく仕事ができるよう，次の点をチェックしましょう。

①机や椅子が真っすぐか
②時計が故障していないか
③カレンダーの日付は正確か
④ごみ箱が空になっているか
⑤新聞・雑誌・本が整理されているか
⑥上司の机上の物がいつも通りになっているか

チェックポイント

◎秘書は来客の応対をしなければならないので，人の出入りがすぐ分かる位置に机を置く。

◎上司と秘書の机は対面を避け，少し離れるようにする。

◎採光や照明の善しあしが仕事に影響するため配慮が必要。明るさはどうか，窓と机の位置関係はどうかなどチェックする。

11 よく出題される用語

オフィスや事務用品の整備，上司から要求された社内外の情報収集，整理に応えるため，関連用語を知る。

オフィス家具，事務機器・用品を知る

キャビネット	フォルダーを収納しておく,スチール製などの引き出し式の収納具
サイドテーブル	応接室に置き,茶を出すときに盆などを一時置く台
シュレッダー	不要文書を裁断する機器
スキャナー	絵や図などをコンピューターに取り込むための機器
スクラップブック	新聞,雑誌などの切り抜き帳
スツール	応接セットに,補助として置いてある背もたれのない腰掛け
タイムレコーダー	社員の出勤·退勤の時刻を記録する機器
チェックライター	手形や小切手に金額を刻字する機器
デスクトレー	机上に置き,書類を一時入れておくための浅い箱
ナンバリング	書類に通し番号を打つための機器
パーティション	部屋の中を仕切ったり,目隠しにしたりするついたて
ハンギングフォルダー	枠にぶら下がるように出来ているフォルダーで,ハンギングフォームに収める
ファイリングキャビネット	ファイリングフォルダーを収納する,たんすのようなもの
ファクシミリ	文書などを通信回線を用いて電送する装置
ブラインド	窓からの光を入れたり遮ったりするすだれのようなもの
プリンター	入力した文字や図などを印刷する機器
プロジェクター	パソコンの画面を大型スクリーンに投影する機器
レターオープナー	封書を開封するために封筒の一辺を切る機器

IT 用語を知る

アイコン	プログラムの起動を簡易化するために,ディスプレイ上に表示した小さな図柄
アップデート	ソフトの不具合を修正したり機能向上するために,古いプログラムを書き換えること
グループウェア	組織内のネットワークを利用して,作業効率や質を高めるためのソフトの総称
検索エンジン	インターネットで公開されている情報を,キーワードなどを使って検索できるウェブサイトのこと
コピーライト	著作権や版権のこと
再起動	パソコンの電源をいったん切り,再び起ち上げること
シャットダウン	システムを終了して,パソコンの電源を切ること
テキストファイル	文字データだけで構成されたファイル。互換性が高い
添付ファイル	電子メールの本文に付属して送られるファイルのこと
ドライバー	パソコンにつないだプリンターなどのハードウェアを動作させるためのプログラム
バージョンアップ	ハードやソフトなどを高性能品に切り替えること
バグ	プログラムの中の誤りや不都合な箇所
パワーポイント	プロジェクターで映し出す資料を作成できるソフトウェアのこと
ブログ	インターネット上で公開する日記形式のウェブサイト

プロバイダー	インターネットへの接続サービスを提供する事業者
メールマガジン	発行者が購読者に定期的に,電子メールで情報を届けるシステムのこと
迷惑メール	受信者に一方的に送りつける広告,勧誘などのメールのこと
メモリ	コンピューターでデータやプログラムを記憶する装置
ログイン	システムやネットワークに認証を受けるため,パスワードなどを入力する操作のこと

出版・新聞などに関する用語

全国紙	全国的に発行されている新聞のこと
地方紙	一定の地域だけを対象として編集,発行される地方新聞のこと
官報	政府が国民に知らせる事項を掲載した文書のこと
白書	各省庁が行政活動の実情と展望を述べた報告書
社説	その新聞社の基本方針に沿って掲載する論説のこと
コラム	短い評論などが書かれている囲み記事のこと
日刊	毎日発行されるもの
季刊	1年に4回発行されるもの
旬刊（じゅんかん）	新聞,雑誌が10日ごとに発行されること
月刊	1カ月に1回発行されるもの
隔月刊	2カ月に1回発行する刊行物のこと
増刊号	定期発行以外に臨時に発行される号のこと
バックナンバー	定期刊行物の既刊号のこと
機関誌	団体が発行する会員向けの雑誌のこと
全集	ある人の主な著作を集めた本のこと
凡例（はんれい）	書物の編集方法･使い方･約束ごとなどを一括して例示･説明したページ
索引	本の中の語句がどのページにあるかの一覧。インデックス
判型	本や雑誌などの大きさのこと
タブロイド判	普通の新聞の半分の大きさの型のこと
奥付（おくづけ）	その本の著者や発行所,発行年月日などが載っている部分のこと
落丁（らくちょう）	ページが抜け落ちていること
乱丁（らんちょう）	本のページの順が前後していること
校正	原稿と試し刷りを照らし合わせて文字や体裁などの誤りを正すこと
改訂	最初の発行後,一部内容を改め直すこと
初版	出版された本の最初の版のもの
再版	すでに発行されている本を,同じ形で再び発行すること
改訂版	初版の後,内容を改めたものということ
絶版（ぜっぱん）	出版した書籍の印刷,販売を中止すること
草稿	下書き,または原稿のこと
献本	出来上がった本を進呈すること
謹呈	書籍を差し上げるという意味の言葉
拙著（せっちょ）	自分の著作をへりくだって言う語

秘書検定２級実問題集　2021年度版

2021年3月10日　初版発行

編　者　公益財団法人 実務技能検定協会 ©
発行者　笹森 哲夫
発行所　早稲田教育出版
〒169-0075　東京都新宿区高田馬場一丁目4番15号
株式会社早稲田ビジネスサービス
https : //www.waseda.gr.jp/
電話　(03) 3209-6201

秘書検定
実問題集

2

解答・解説編

〈記述問題は解答・解答例となります〉

2021 年度版

第116回▶第122回

本編から外して利用できます

この解答・解説は，
本体部分を押さえながらていねいに引っ張ると，
取り外すことができます。

早稲田教育出版

秘書検定
実問題集
2021
年度版
2
級

CONTENTS

第116回▶第122回

○解答・解説編

第122回 解答・解説

必要とされる資質

1 －5）

Cの仕方を引き継いで部長の手助けをするのが当面のAの仕事になる。従って，一通り引き継ぎを受けたばかりの段階で，これまでの仕方で変えた方がよいことはないかなどと尋ねるのは，部長にもCにも失礼なので不適当ということである。

2 －2）

服装や話し方の印象など来客の人物評価につながるようなことは，上司から求められてもいないのに秘書が口にすることではない。従って，2）は不適当ということである。

3 －1）

食事の招待を受けたのは上司だから，上司に確認して返事をすることになる。が，上司はこのごろ体調がよくないのですぐには受けられないかもしれない。となると，体調のことには触れずに，日にちは少し先になるかもしれないと言っておくのがよいということである。

4 －5）

秘書のスーツの選び方として，上司のイメージを損なわないようにというのは必要なこと。ビジネスの場に適していればよいのだから，高級な生地のスーツを選ぶよう新人にアドバイスするなどは不適当ということである。

5 －3）

3）は上司の仕事の仕方に秘書が口を出していることになるので不適当。

上司から早めに帰宅したいと言われたときに，スケジュールを調整するのが秘書の仕事ということである。

職務知識

6 －5）

メールは本部長秘書からAに送られてきたのだから，返事は本部長秘書にすることになる。要するに，このようなことは秘書同士での連絡ということ。わびるなら本部長秘書にわびればよいので，本部長にわびたのは不適当である。

7 －3）

部長への報告は，課長の仕事である。それを，効率よく進むとしてもAが先に説明しておくなどは，余計なことなので不適当である。

8 －4）

このような内容は，上司が自席に戻ったときすぐに分かるように，メモに書いて残すなどが適切な連絡の仕方。メールは開かなければ分からないので不適当ということである。

9 －2）

このような場合は，決裁が滞らないように気を配り調整することが秘書の仕事になる。それを，上司に外出の用事を減らして決裁を優先してもらいたいと頼むなどは，秘書の役割を理解していないことになるので不適当である。

10 －1）

この場合，懇親会の日時は本部長秘書に聞けば分かることである。それを，M団体（外部）に尋ねるなどは不適当ということである。

一般知識

11 －3）

「アウトライン」とは，概要などのことである。

12 －5）

「ＴＰＰ」とは，環太平洋パートナーシップ協定のこと。アジア太平洋経済協力は，ＡＰＥＣの訳語である。

13 －1）

「知的財産」とは，知的創作活動の成果として得られる特許，著作，商標，意匠などの無形で財産的価値のあるもののことである。

マナー・接遇

14 －1）

電話で済む用ではないから，ちょっと来てもらいたいと言ったのだろう。であれば，「すぐに参ります」と言うだけでよく，用件を尋ねる必要はないので不適当ということである。

15 －5）

自分の意見を率直に言うのはよいことである。が，その意見をどう受け取るかは，相手の考えが影響する。従って，相手がどう思っているかを考えずに話すなどは不適当ということである。

16 －1）

名刺はＡに出されたものだから，名刺を持ち合わせていなくても名乗って受け取るのがよい。従って，1）の対応が適当ということである。

17 －2)

この場合の説明とは，説明会がどういうものであったかの事実を上司に伝えること。概況を伝えたのはよいが，感想とはAの個人的な思いなのだから，感想を交えて説明したなどは不適当ということである。

18 －2)

水引が「ちょう結び」の祝儀袋は，何度あってもよい祝い事のときに使うもの。結婚は祝い事だが，一度きりがよいので不適当。結び切りの祝儀袋がよいということである。

19 －2)

遠回しの言い方で断るとは，はっきり断らないということだから，多少の望みがあると相手に期待を持たせることになる。断るときははっきり断った方がよいので不適当ということである。

20 －4)

「お伝えいたします」は「伝える」の謙譲語。この場合は，上司に敬意を表した言い方になるので来客に言うのは不適当。「申し伝えます」などが適切になる。

21 －3)

「お疲れさま」は，仕事をしている人に労をねぎらって掛ける言葉。この場合は結婚披露宴だから，おめでたい席である。そのような場では，誰に対しても「おめでとうございます」とあいさつを交わすのがマナーと言われているので，3）は不適当ということである。

22 －2)

同僚が書いた上司宛ての伝言メモに言葉の間違いがあったら，Aが直しておけばよい。また，間違いは指摘した方が本人のためになるので，他の人に言ったりせず直接言ってあげるのがよいということである。

23 －3）

歳暮は，日ごろ世話になっている人へ礼をするというのが目的だから，相手に喜ばれる物を贈るのがよい。箱は大きい方が印象に残ることはあっても，目的が違うので不適当ということである。

技能

24 －3）

予定にキャンセルがあったとき部員に上司の空き時間を知らせれば，部員は報告をしたり指示を仰いだりできる。そのとき，上司の体調や前後の予定によって取り次ぐのを調整するのが秘書の役目になる。が，体調が心配だからといって１件だけにするなどは不適当ということである。

25 －2）

面談に要した時間は次も同じとは限らないから，名刺にメモしておくようなことではない。

26 －2）

「各位」は，その語だけで皆さま方という意味の敬称である。これに「殿」を付けると二重に敬称を付けたことになるので不適当。この場合は「部員各位」となる。

27 －2）

秘文書は関係者以外に見られてはいけないもの。ファクスでの送信は送付先を間違えたり，電話をしておいても，受信側で他の人の目に触れたりする可能性があるので不適当。親展と表示し簡易書留で郵送するか，パスワードを付けてメールで送るなどになる。

28 －1）

上司の部屋の書棚を整理するのだから，廃棄するものは上司に確認することになる。が，まとめておくよう頼むのは，上司に整理するよう言っているのと同じなので不適当ということである。

29 －2）

前文は用件に入る前のあいさつである。悔やみ状では手紙の性格上，あいさつなどは省いて，何をおいてもまずお悔やみを述べることになる。従って，前文を丁寧に書いたのは不適当ということである。

30 －5）

封筒に「重要」と表示があっても，受信簿に記録する必要はなく，開封してよい。従って，受信簿に記録しなかったのはよいが，開封せずに渡したのは不適当ということである。

31 －2）

インターネットでの注文は，電話で注文するときのような人の関わりはないのだから，いつしても構わない。従って，忙しい朝の時間帯を避けるなどは不適当ということである。

記述問題

マナー・接遇

32

① あいにく
② 終日
③ 者がいるか確認してまいります

33

1）

D商事株式会社
広報部長
山田 仁

2）A

技 能

34

1）さいばん　12月
2）はつはる・しょしゅん　1月
3）せいか　7月

35

1）

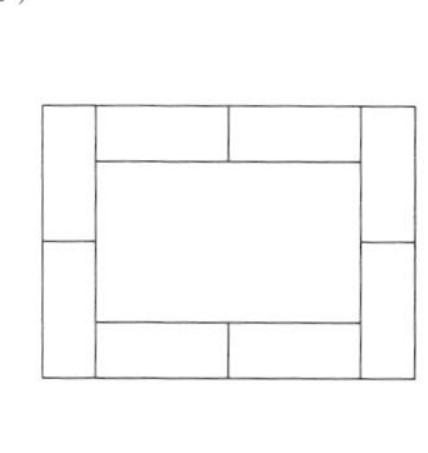

2）

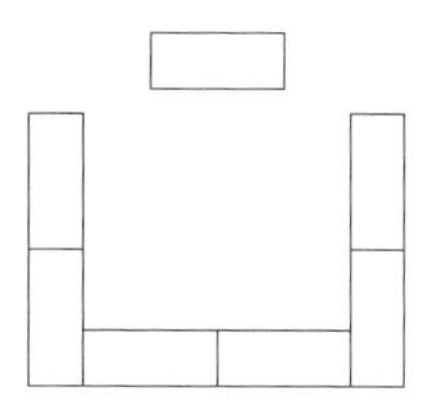

3）

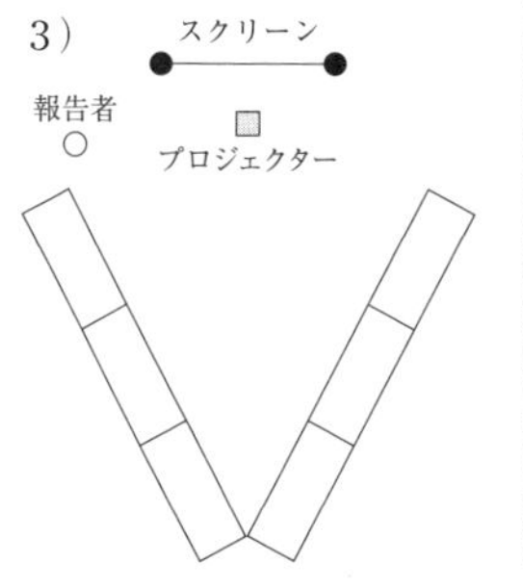

【解 説】　目的に応じて配置すると，1）情報交換が目的なので，互いの顔が見られるロの字形がよい。2）目的は1）と同様だが，参加者が講師を囲むのがよい。3）映像を皆が見やすいようVの字形などになる。

第120回 解答・解説

必要とされる資質

1 －1）

上司の仕事のカバーを秘書ができるという考え方は，根本的に間違っている。健康で体力があることは，自分に課せられた任務を全うするために必要なこと。休んでいる同僚などのカバーは結果としてできることで，そのために必要と考えるのは筋が違っているということである。

2 －3）

餞別をもらったら，新しい職場や環境に慣れたころに近況報告も兼ねて礼状を送るのが一般的なマナー。場合によりお返しをすることもあるが，もらってすぐにはしないもの。従って，3）のように言ったのは不適当ということである。

3 －5）

課長は買い替えを希望して稟議書を持って来たのである。Aに意見を求めたのはたまたま部長が留守だったからであろう。このような場合，買い替えの必要性を感じていないとしても，課長の意向を酌んで当たり障りのない言い方をするのがよいということである。

4 －4）

新人に仕事を教えるときは，一人できちんと仕事ができるようにサポートすることなどが必要である。4）のようにしていては，Bはいつまでも成長できないので不適当ということである。

5 －5）

このような場合，すぐに取りに行けなくてもまずは受けて，方法は後で考えるのが秘書の対応になる。それを，最初から他の人に頼んでもらえないかと言うなどは，断っているのと同じなので不適当ということである。

職務知識

6 －4）

上司からY社へはH社から直接向かうと言われたら，アクセスを調べるのは秘書の仕事。H社に確認するなどは，他社との関係を知らせることにもなり不適当ということである。

7 －3）

担当者の勘違いにより上司のところに回覧が回ってきてしまったようである。この場合は，その担当者だけに間違いを分かってもらえばよい。従って，直接関係のない人にまで分かる3）のような対処は不適当ということである。

8 －5）

田中氏は業界団体の理事長であるから，上司の友人ではあっても，公的な対応は必要。従って，Aはまず業界団体の対応，会社の対応を上司に知らせることになる。個人的な見舞いをAが勝手に手配するのは行き過ぎなので不適当ということである。

9 －1）

会社を休んでいる上司に電話で伝えることは，そのとき伝えないと間に合わなくなるようなこと。友人からの寄付の依頼は急ぐことではないので，電話で伝えたのは不適当ということである。

10 －5）

U氏がなかなか腰を上げないとしても相手は上司の友人だから，頃合いを見て話を切り上げることもできる。必要な時間になったら予定のメモを上司に渡してきっかけをつくるのが，Aの役割ということである。

一般知識

11 －3）

「スキルが高い」とは，技術や技能などが高いということである。

12 －2）

「トップダウン」とは，組織の上層部が決めたことを下部に伝えて実行させる管理方式のことなので，マーケティングとは直接関係ない。

13 －3）

「基幹産業」とは，鉄鋼や電力など，国の経済活動の基盤となる重要な産業のことである。

マナー・接遇

14 －1）

「届いていらっしゃる」が不適当。「いらっしゃる」は尊敬語だから，メールには使わない。「届いている」などが適切な言い方になる。

15 －1）

不意の客が名前しか言わないときは，会社名や用件を尋ねないといけない。それをせずに，最初から取り次げないと言うなどは不適当ということである。

16 －2)

会葬者の予想人数は，葬儀の主催者側には必要なことだが，参列する側には関係ないこと。従って，調べる必要はなかったということである。

17 －3)

来客から「手間を掛けて申し訳なかった」と言われたら，謙虚に応じないといけない。「秘書として当たり前のこと」は，その通りだとしても素っ気なく愛想にも欠けた言い方で不適当ということである。

18 －3)

苦言とは，言われる人にとっていい気はしないが，その人のためにあえて言う忠告のこと。忠告ならば，聞く方は真摯に受け止めないといけない。そのようなときに明るい表情はそぐわないので不適当ということである。

19 －2)

このような改まった場に持ち込むのは，小さめのハンドバッグなど必需品のみにして，それ以外はクロークに預けるのがマナー。従って，きちんと畳んでもコートを持ち込むなどは不適当ということである。

20 －1)

伝言を頼むときは，介してくれる人の名を知っておく必要がある。普通は，相手が伝言を聞いた後で名乗ってくれるものだが，名乗らなければ尋ねればよい。先に尋ねるなどは不適当ということである。

21 －5)

「寒中御見舞」は，寒の入り（1月6日ごろ）から立春（2月4日ごろ）までに用いる上書きである。

22 －4）

秘書は上司に就いているのだから，上司が丁寧さを気にしているならそれに合わせた丁寧さで仕事をしなければならない。それを，注意する立場のAが「自分は気にならないが」とBに話すなどは不適当ということである。

23 －5）

「お伝えしたいことが～」は謙譲語で，D氏を低めてしまうので不適当。この場合の適切な言い方は，「ご伝言がおありでしたら」などになる。

技　能

24 －3）

秘文書を持ち歩くときは，外から見て秘文書であることが分からないようにしなければならない。従って，封筒の表に「秘」と明記するなどは不適当ということである。

25 －2）

「議決権」とは，議案の決議に参加する権利のこと。2）は，「キャスチングボート」の説明である。

26 －1）

「○○の候」とは，「○○の時節（時季）」という意味で，○○にはその時節に合った言葉が入る。「時下」は，どの季節でも使える「このごろ」という意味の言葉。「時下の候」という使い方はしないので不適当である。

27 －5）

メールの内容に関連したファイルが複数あるなら，一度に送る方が相手は整理しやすい。従って，一つのメールには一つのファイルだけというのは不適当である。

28 －5）

「盛夏」とは，7月から8月初めまでの暑い盛りという意味。従って，「7月盛夏」は意味が重複するので不適当。適切な書き方は，「令和2年盛夏」である。

29 －4）

新聞記事は新聞の性質によって取り上げられ方が違う。従って，数紙に載っていて選ぶ必要があっても，大きさで選ぶものではないので不適当ということである。

30 －3）

「旬刊」とは，新聞や雑誌を10日ごとに発行すること。従って，1年ではなく1カ月に3回ということである。

31 －2）

「アイコン」とは，プログラムの機能やファイルの内容などを小さな絵にしてディスプレー上に表示したもの。2）は，「外字」の説明である。

記述問題

マナー・接遇

32

1）　聞いておりません
2）　お引き取りいただけませんか
3）　私どものどの者を

33

部長　3　　　課長　1　　　A　2

【解　説】　車の運転席の隣は下座になるが，この場合，運転する工場長に敬意を表して部長が隣に座るのがよい。後は奥から順に課長，Aということになる。

技　能

34

a　恐れ入ります
b　ご出席くださいます
c　お手数をお掛けいたします
d　同封の

35

1）　通　　　2）　件　　　3）　部　　　4）　口

第119回 解答・解説

必要とされる資質

1 －2）

取引先に送る速達郵便物をポストに投函するなら，できるだけ早い方がよい。となると，Aが先に退社するとき，投函しておこうかと言うのは，後輩に対する気遣いということである。

2 －1）

常務に対して，常務室から戻った上司が席にいないことにすることはできない。また，常務は上司（部長）の上役である。先ほどの続きかなどと尋ねるのは秘書の立場ですることではないので，尋ねたのは不適当ということである。

3 －3）

Ｆは販売部の一員。同じ部員だから一線を画す必要はなく，特別視されるくらいでないといけないなどは，見当違いな考え方で不適当ということである。

4 －3）

Ｐ氏は友人で，待たせてもらうが時間がかかっても構わないと言うのだから，取りあえず応接室へ案内することになる。このことは会議中の上司に知らせないといけないので，メモで伝えて指示を仰ぐのが適当な対処ということになる。

5 −4)

上司があまりメールを見ず仕事に支障が出ているのなら，秘書としてできる対策を考えることになる。急ぎのものはAが取り次げば支障はなくなるということである。

職務知識

6 −2)

部長会議で使う資料をまとめてコピーするよう指示されたのだから，会議までに準備するため必要なことを確認することになる。どのような議題で使うかなどは資料の準備に関係のないことなので，確認したのは不適当である。

7 −3)

不意に来た初めての客なら，名刺を預かって用件を尋ねるよう指導するのはよい。が，会うかどうかは上司の判断による。次の来訪予定を尋ねておくのは，相手に会えると期待させてしまうので不適当ということである。

8 −3)

S氏の寄付の申し出に，上司がどのように対応するか分からない。従って，他の部署にも話しておこうかと勝手に言うなどは不適当ということである。

9 −2)

文書を誤って送ってしまった場合，できるだけ相手に手数を掛けないように対処しないといけない。Z社にとっては不要のものだから，わびて破棄を頼むのがよいということである。

10 －1)

上司が席を外して不都合なことがあれば，それに対応するのはAの仕事。上司が立ち寄りそうな部署に立ち寄ったら知らせてもらいたいと頼めば，その部署に手数を掛けることになるので不適当ということである。

一般知識

11 －5)

12 －4)

「ジェネレーション」とは，世代，あるいは同世代の人々のことである。

13 －3)

「連結決算」とは，親会社と子会社，関連会社を含めてする決算のことである。

マナー・接遇

14 －5)

「(本部長が）外出する 予定」を尊敬語に，「本部長から（Aが）聞いた」を謙譲語に，それぞれを適切にした 5）が適当。なお，他の選択肢の適切な言い方は，1）「お見えになりました」，2）「ご出発になりますか」，3）「ご覧になった後で」，4）「お持ちいただけませんか」などになる。

15 －4)

気楽にとりとめもなくされるのが雑談である。きちんとした雰囲気や言葉遣いの丁寧さは崩さないなどは，先輩や後輩との雑談の雰囲気になじまず，よい印象にはならないので不適当ということである。

16 ―5)

上司が懇意にしている取引先会長の告別式への対処である。上司から香典を送るよう指示されたら，Aはその通りにすればよいこと。それを，行けそうだからといって勝手に代理で持参するなどは不適当ということである。

17 ―5)

応接室の管理は来客の接待をする人全員でしているのだから，片付けの責任も全員ということになる。従って，人違いで注意されたとしても上司には謝り，後で関係する人たちに伝えるという対処が適当ということである。

18 ―4)

封筒をバッグに入れるのは持ち運びのため。この場合，上司は会議中なのだから速やかに渡さないといけない。従って，上司のところに行ってから封筒を取り出すなどは不適当ということである。

19 ―5)

「必勝御見舞」という言葉はないので不適当。なお，「必勝」は必ず勝つということ，「御見舞」は気遣うとか慰めるなどの意味で使われる言葉である。

20 ―4)

お茶を客に出すときや下げるときは，茶わんは持たず茶たくを持ってするもの。従って，入れ替えも茶たくを持ってすることになるから，茶わんだけを替えるのは不適当ということになる。

21 －5）

懇親会といっても，取引先からの誘いだから仕事上のこと。従って，5)のように言っておいて，上司の指示を仰ぐのが適当ということである。

22 －4）

本部長は上司（部長）の上役である。本部長が電話口に出てから上司に代わると，本部長を待たせることになるので不適当。秘書が本部長に取り次いでいる間に代わるのがよいということである。

23 －1）

Ｂは新しい仕事がきちんとできるか不安なのである。この場合，ＡはＢが安心して仕事ができるようになることを言う必要がある。経験が大事なのはその通りだが，気楽にと言っても不安はなくならず，仕事に対して軽い気持ちでといった意味にも取れるので不適当ということである。

技　能

24 －5）

予定が変更になり時間が空いた場合，次の予定を前倒しにするかどうかは上司に確認して決めなければいけない。スケジュール調整をするのは秘書の仕事だが決定するのは上司。空き時間をなるべく減らすなどは不適当ということである。

25 －4）

貸出ガイドを使う目的は，貸し出している相手や期間などを分かるようにしておくためで，文書管理上の必要からである。使用日時は，文書の管理には関係がないので不適当ということである。

26 －3）

「照会状」とは，不明な点を問い合わせて確かめるための文書のことである。

27 －2）

オブザーバーとは傍聴者のことで，会議の正式なメンバーではない参加者のこと。発言は求められたらできるが議決権はない。従って，他の出席者からよく見える位置にする必要はないので不適当ということである。

28 －3）

人事とは，会社などで社員の採用や退職，処遇などに関すること一切をいう。消費税は物品購入などの際に掛かる税金のことなので，人事とは関係がないということである。

29 －4）

昼食を挟む会議なのだから，全員に食事を用意するのが前提になる。従って，昼食の「要・不要」記入欄は必要ないということである。

30 －4）

年間の時間外手当額（数量）を部署別に比較するのだから，数量を棒にして比較する「棒グラフ」がよいことになる。「折れ線グラフ」は，数量の時間的変化を知るためのグラフである。

31 －3）

「向暑の候」は，一般的に6月に使う時候のあいさつである。

記述問題

マナー・接遇

32

1）ご出張お疲れさまで（ございま）した
2）お体（の具合）はもうよろしいのでしょうか
お加減はいかがでしょうか
3）昨日はごちそうさまで（ございま）した
昨日は（ごちそうになりまして）ありがとうございました

33

1）立ち上がって
2）動き出す
3）見えなくなる・遠く離れる

技　能

34

1）会ってください
2）安心してください
3）何とか都合をつけて

35

1）様方
2）気付
3）在中
4）親展

第118回 解答・解説

必要とされる資質

1 ―5）

異動してきて間もないAを心配してくれているのである。自分は溶け込めているつもりでも，このような場合は素直に受け入れて，心配を掛けていることをわびるなどしないといけない。それを，ただのうわさだと思うと言うなどは不適当ということである。

2 ―2）

研修会で学んだことを活用しなければ，研修会に参加した意味がない。そうかといってAの判断でお茶の運び方を変えたのでは，今までの運び方を教えた先輩の立場がなくなる。ここは，先輩に尋ねるのがよいということである。

3 ―3）

新幹線の時間を変更すれば，上司が出張先の支社に着く時間も変わる。そのような上司の仕事に関わることに秘書が口出しすることはできないので，3）のように言うのは不適当ということである。

4 ―1）

いつも長居をする客といっても上司の客である。次の予定があるなら，上司が頃合いを見て話を切り上げることもできる。客が来社したときに上司の次の予定を伝えるなどは失礼なので不適当ということである。

5 ―5）

秘書業務は上司のためにするのだから，秘書が上司の性格を理解することは必要。が，相互理解とは互いに理解するということで，秘書と上司はそのような関係にはない。従って，5）のように教えたのは不適当ということである。

職務知識

6 －5）

約束の時間に交通渋滞で少し遅れたくらいのことを，上司に伝えた方がよいかわざわざ尋ねるなどは大げさである。また，客がわびたのは遅れたことを気にしてのことだから，そのことには必要以上に触れないのが気遣いというもの。従って，5）は不適当である。

7 －4）

本部長は緊急の用件で直接連絡を取りたいと言っているのだから，Aはそれに対応すればよい。上司はW社でプレゼンテーション中だから，どのように応じるかはそのときの上司の判断。従って，本部長に優先順位を尋ねるなどは筋違いで不適当ということである。

8 －2）

「辞令」とは配属などを記して会社がAに渡した文書，「就業規則」とは社員全員に配布されるもの。いずれも仕事を引き継ぐための資料ではないので不適当ということである。

9 －3）

このような場合，対処の仕方が分からないことでも，翌日に持ち越せない仕事は他の人に尋ねるなどして対処しなければならない。それを，そのままにしておいてもらいたいと言うなどは不適当ということである。

10 －4）

返事を聞きたいという連絡だが，上司が今日中に返事ができるかどうか分からない。となれば，Ｓ社には上司の留守を伝えて伝言しておくなどと言うのがこの場の適切な対応。上司に確認もせず，本日中に返事をすると言ったのは不適当ということである。

一般知識

11 －5）

取締役は，株主総会で株主の承認を得て選任される。

12 －3）

「債務」とは，借りた金銭などを相手に返さなければならない義務のことである。

13 －3）

マナー・接遇

14 －5）

名刺は，相手に自分がどういう者であるかを紹介するためのもの。この場合は相手が名刺を出したのだから，Ａも名刺を出して交換することになる。自分の紹介が目的なので，余計なことは言わずに名乗ってよろしくお願いいたしますと言うのが一般的である。

15 －5）

贈り物は基本的に，気持ちを物に託してするもの。場合によっては現金を贈ることもあるが，出張で世話になった礼は，ちょっとした物でよいので菓子などが一般的。現金を贈るなどは不適当ということである。

16 －4）

給湯室のように使う人が限られた場所でのこの程度の始末は，自分たちですればよいこと。上司に指示を仰ぐようなことではないので，上司に話してどのようにしたらよいか尋ねるなどは不適当ということである。

17 －4）

「お承りになる」が不適当。「承る（謙譲語）」に「お～になる（尊敬語）」を加えたこのような言い方はない。この場合，「承る」「伺う」などが適切になる。

18 －4）

「わずかですが」は，謝礼などを渡すときに少額だがと謙遜して言う場合の言葉。香典は霊前に供えるもので謙遜するようなものではないということである。

19 －3）

上司からわびておくようにと言われたのである。「申し付かりましたので，お伝えいたします」は，Aが上司から指示されたことをただそのまま伝えているだけ。人ごとのような言い方なので不適当ということである。

20 －4）

お茶はもてなしの意で出す。であれば，名刺交換を終えて客が座るのを待つのがよいことになる。また，来客の目的は上司との面談である。名刺交換の最中にお茶を出しては，上司と客のあいさつを邪魔していることにもなり不適当ということである。

21 ―5)

「間違いなくセットしたはず」は，自分は間違えていないと言っていることになる。会議の出席者に確認してもらうときの言い方ではないので不適当ということである。

22 ―4)

創立記念パーティー（立食形式）の出入りは，自由にしてよいのが一般的。招待客が仕事の都合で，遅れて来たり早く帰ったりすることはよくある。従って，切りのよいところで入場するようお願いしたなどは不適当ということである。

23 ―1)

山田部長に内線電話をかけた人は，当人が出ることを期待している。従って，当人不在でその電話に出るなら，山田部長の席だということをまず知らせることになる。相手は社内の人だから，1）の言い方が適当ということである。

技能

24 ―2)

こちらの都合で予定の変更をお願いするのに，相手の希望を先に尋ねていないので不適当。この場合は，木曜の午後以降という上司の都合を言った上で，相手の都合のよい日時を尋ねるのがよいということである。

25 ―4)

出張で世話になったことへの礼状は，なるべく早く出すのがよい。それなのに，いつまでに出せばよいかと期限を確認するなどは不適当ということである。

26 －2）

「文字化け」とは，文字が他の文字や意味不明な記号に変化して表示される現象のこと。2）は「変換ミス」の説明である。

27 －3）

上司の友人の葬儀は上司の私的なことで，課長に代理はできない。どのようにするかは上司が判断することなので，代理を提案したのは不適当ということである。

28 －5）

「増刊号」とは，定期刊行物の別冊など，定期以外に特別に刊行される号のことである。

29 －5）

発言がよく聞き取れなかった場合の確認は，会議終了後にしないといけない。席上でするのは会議の進行の妨げになるので不適当ということである。

30 －4）

文書の集中管理とは，文書は個人で持たず，必要なときは部内で共有している文書を見るというやり方。理由は4）以外の通りで事務の効率化のため。利用頻度で仕事量を把握するためなどは，見当違いで不適当ということである。

31 －5）

名刺の数が増えれば，ページ数や冊数を増やすことはできるが，出し入れは不便になる。従って，名刺整理簿は多量の名刺整理には向いていないということである。

記述問題

マナー・接遇

32

1）「あちらの受付で伺ってくださいますか」
お尋ね・お聞き

2）「課長はどのように申したのでしょうか」
おっしゃった

3）「冷蔵庫で冷やしてもおいしくいただけます」
召し上がれ

4）「午後は帰らさせていただくことになっております」
帰らせて・早退させて

33

1）　祝儀袋（　A　）　上書き（　4　）
2）　祝儀袋（　A　）　上書き（　6　）

技　能

34

① さて
② 在勤・在任
③ 微力
④ 所存

35

① H商事株式会社
② 菓子代として・お品代として
③ 400. −

第117回 解答・解説

必要とされる資質

1 －3）

契約書である。急ぎ届けることになったのなら，出掛ける時間が迫っていたとしても見てもらわないといけない。取引先に届けてしまってからでは意味がないので，コピーを預かるなどは不適当。上司に見てもらえるよう対処するのが秘書の役目である。

2 －3）

今の営業部長秘書はＤなので，営業部長との面会について答えるのはＤの役割。従って，Ｋ氏にはＤから連絡させると言っておき，後の対応はＤに頼むのが適当ということになる。

3 －2）

Ａの出社が午後になれば，午前中の上司の仕事に影響する。このようなことは，まず上司に事情を話し許可を得ないといけない。電話に出た同僚に，伝えてもらいたいと頼むなどは不適当ということである。

4 －1）

Ａが資料作成をＥに頼んでおいたのは，自分に急ぎの仕事があったからである。その仕事が片付き，Ｅがまだ手を付けていないのなら，資料を戻してもらって自分で作成するのが適当な対応ということである。

5 －2）

上司の仕事の手助けや身の回りの世話をよりよくするために，性格を理解することは必要。が，仕事はどれも期限や重要性などに応じて優先順位が決まる。従って，上司から指示された仕事を最優先にと考えたのは不適当ということである。

職務知識

6 －4）

上司が長期出張することになったときに秘書が行うのは，出張の準備や，出張中も滞りなく上司のサポートができるようにしておくこと。営業支援として上司に何を求めるかなどは，それらに関係がなく，秘書が立ち入るようなことではないので不適当である。

7 －4）

返信はがきを受け取る側は，出欠が分かればよいのである。また，管理の都合からすれば，同じ形状の物がよい。となると，紛失した返信はがきの代わりには，必要事項を記入すれば，郵便はがきで間に合わすことができるということである。

8 －4）

Z亭はこのようなときいつも利用するのだから，費用は特別なことでない限り大体は分かっている。従って，予算を確認するのは余計なので不適当ということである。

9 －5）

他部署の部長から上司に会わせたい人がいると連絡があったら，まず上司の不在を告げてどうするかを尋ねることになる。また，名刺は初対面の人に自分を紹介するためのもの。秘書が上司の名刺で名刺交換するなどは不適当ということである。

10 －3）

上司の忙しさを軽減するには，上司が本来の仕事に専念できるよう雑務の時間を減らすことである。取引先との面談は上司にとって本来の仕事。場合により担当者に代わることもあろうが，それを判断するのは上司。取り次ぐ前に相手に尋ねるなどは不適当である。

一般知識

11 －4）

「終身雇用」とは，一度就職すると定年まで雇用関係が継続する雇用形態のことである。

12 －3）

「モニター」とは，企業などから依頼されて，商品や内容について，使用者の立場から意見や感想を述べる人のことである。

13 －5）

「復興特別所得税」は，東日本大震災からの復興施策に必要な財源を確保するために課せられる税金のこと。個人の所得税に上乗せして徴収される直接税である。

マナー・接遇

14 －1）

Ａの来訪を分かっているのに戻ってこないのは，何かあってのことであろう。このような状況では出直すしかない。上司の指示で訪問したのだから，改めて連絡すると言って，パンフレットは見てもらえるよう渡すのが適当ということである。

15 －3）

「お目通り」は，身分の高い人に会うという意味の言葉なので不適当。この場合は「お目通し」などが適切な言い方になる。

16 －5）

贈答に関することを記録しておくのは必要なので，秘書の業務として当たり前に行うこと。わざわざ上司に許可を得るようなことではないので，5）のように尋ねたのは不適当ということである。

17 －2）

上司が部下に指示するのは，命令系統で仕事をさせるため。先輩が後輩に指導するのは，このようにすればよいと言って導くためなので話し方は違う。後輩を指導するのに，上司が部下に指示するような話し方などは不適当ということである。

18 －3）

上司の代理でAが会葬すれば上司が会葬したことになる。従って，芳名録には上司の名前を記帳し，代理であることが分かるように下に（代）と書いておくのが一般的。Aの名前を横に書いたのは不適当ということである。

19 －4）

支店長は好意で地元の観光名所のM城を案内してくれたのであろう。このような場合，支店長が入城料を払ってくれたのなら，そのまま受けるのがよい。後で精算させてもらうや領収書を預かるなどと言ったのは不適当ということである。

20 －5）

食事のときに出す吸い物，お茶は，いずれも料理の右側に置くとされている。一般的には，手を付けるとき最初に右手でするからである。弁当の場合も置き方は同じなので，左に置くのは不適当ということである。

21 －3）

上司の見舞いに行くことを家族に連絡するなら，誰がいつ行くかを伝えればよい。仕事のことは家族には関係なく，何かあれば見舞いのとき上司から話があるはず。従って，家族に仕事のことを尋ねたのは不適当ということである。

22 －4）

頼まれ事を断るのだからそれなりの理由を言うのが筋。上司は理由を言っていて来月以降ならできそうとも言っているのに，私には分かりかねる，取りあえずお断りなどは，断り方として不適当ということである。

23 －1）

話す内容が複雑なときは，繰り返すとか念を押すなどの言い方をするのがよい。メモが必要だと思っても，取らなくてよいかを確かめるなどは，失礼で不適当ということである。

技 能

24 －2）

「至急」とは用件を非常に急ぐという意味だが，開封には関係のないこと。従って，他の郵便物の上に載せたのはよいが，開封しなかったのは不適当ということである。

25 －4）

弔電とは遺族に弔意を伝えるための電報だから，通夜と告別式のどちらへ打ってもよく，通夜に間に合うならそのように手配するもの。従って，どちらへ打つかの確認は不要なので不適当ということである。

26 －4）

資料の予備は，研修を主催する人事部が参加人数を元にして必要に応じて用意するもの。外部講師に確認するようなことではないので不適当である。

27 －4）

「公印」とは，官公庁や会社などの公式の印のこと。市役所などに印影登録をしておく印は，「実印」である。

28 －2）

上司の役に立ちそうな記事とは，仕事に関係することや上司の関心事などになる。時事用語の解説は必要に応じて上司が自ら吸収する知識のようなもの。秘書が提供することではないので不適当である。

29 －3）

使わなくなった名刺はもう使い道がないから，破棄してよい物ということになる。それを，専用の保管ケースに別に収納しても意味がないので不適当である。

30 －1）

「文書番号」とは文書の出どころと通し番号を表記するもので，事務文書の保存や整理のために付ける。社交文書に付けるものではないということである。

31 －5）

同窓会の打ち合わせは上司の個人的なことなので，他の人には関係がない。G氏，S氏も同様で，他部署に知らせる上司のスケジュール表にこのような記入をするのは不適当。ただし，予定があることは知らせないといけないから，「来客」とだけ記入しておくのがよい。

記述問題

マナー・接遇

32

「話の最中に申し訳ございません。
　お話し中

約束の田中様がいらっしゃいましたので，
お約束

応接室にお連れいたしました」
　　　　ご案内

33

1）寿・御結婚御祝
2）内祝
3）謝礼・薄謝

技能

34

1）通常郵便　　2）簡易書留　　3）現金書留

35

「○○○という言葉の使い方」
（S研究所調査）

	正しいと思う	間違いだと思う
2010年	30%	70%
2018年	70%	30%

【解　説】　2010 年と 2018 年では変わっていることが分かるようにするには，比較できるようにすることが必要。そのためには，帯グラフにして並べるのがよいということになる。

第116回 解答・解説

必要とされる資質

1 －4）

不意の来訪だから，上司不在は仕方のないこと。が，取引先であるK社の紹介状を持っているとなると，それなりの対応が必要。まずは，K社の担当者の対応を提案してみるなどがよいということである。

2 －4）

秘書が上司に伝えるのは，上司の役に立つことや影響することである。新人にミスが多いのなら，ミスをしないように指導役が教えればよいこと。このようなことは上司には直接関係ないので，伝えたのは不適当ということである。

3 －2）

「古稀」は70歳またはその祝いのこと。「稀」という字は常用漢字ではないので「古希」が一般的だが，辞書には両方載っていることが多い。間違いではないのに，先輩に言われた通りに直してから上司に報告するなどは不適当ということである。

4 －3）

不意の来客でも相手や用件などによっては面会もあり得るので，秘書は上司に確認しないといけない。また，立て込んでいるのはAである。自分の仕事を理由に，来客を断るようBに頼むなどは不適当ということである。

5 －5）

ゆったりと振る舞うとは，ゆっくり，のんびりした行動のこと。来客を取り次ぐときよい印象を持ってもらうには，動作はきびきびとしていた方がよい。従って，落ち着いた態度はよいが，ゆったりと振る舞うというのは不適当である。

職務知識

6 －5）

会議を優先すれば面談は30分になる。面談を優先すれば会議には遅れて出席することになるかもしれない。どちらにするかは上司が決めること。上司への確認をしないで，勝手に予約客へ30分しか取れなくなったがよいかと電話で尋ねておくなどは不適当ということである。

7 －3）

退院するときの精算は，一般的に上司か上司の家族がするもの。従って，所持金に不足はないかと尋ねるのは余計なことなので不適当ということである。

8 －1）

上司は留守中の業務を課長に任せているのである。それを，仕事ぶりを上司に伝えて，よかったのかを確認するなどは秘書のすることではないので不適当ということである。

9 －2）

秘書は上司の仕事の手助けが仕事だから，私的な交際や会合でも知っておいた方がよいこともある。ただし，全く個人的なものもあるのだから，できるだけというのは行き過ぎていて不適当ということである。

10 －1）

昨日，上司がAに頼みたい用事があって帰社したのは予定外のこと。今更取り上げても意味がないので，いなかったことはわびるしかない。それより，今からでも間に合うかを尋ねて対応するのが，秘書の仕事の仕方として適当ということである。

一般知識

11 －3）

「ヘッドハンティング」とは，他の会社などから有能な人材を引き抜くことである。従って，ヘッドハンティングされて就職先を探すことはないので不適当ということである。

12 －5）

13 －2）

「アカウント」とは一般的に，勘定，広告主，またはコンピューターやソフトウエアの利用権限を識別するための呼称などのことである。

マナー・接遇

14 －1）

このような場合の日にちの希望は，得意先の担当者に尋ねるものである。担当者は上役と自分の都合を調整した上で，候補日を挙げてくれる。得意先の上役に直接尋ねるなどは，秘書がすることではないので不適当ということである。

15 －4）

「お戻りになられる」は，尊敬語の「お戻りになる」に，さらに「れる」という尊敬語を加えた二重敬語なので不適当。適切な言い方は，「お戻りになる」「戻られる」などである。

16 －3）

パーティーでは，必要な手回り品以外はクロークに預けるもの。だとしても，「お食事に差し支えます」のような直接的な言い方は失礼なので不適当ということである。

17 －4）

このような場合，鈴木は営業部長であることを伝えるのはよい。総務部の直通電話だから，総務部長あてかどうかの確認は必要。だとしても，相手が鈴木部長と言っているのに，山田と間違えてはいないかという尋ね方は言い過ぎなので不適当ということである。

18 －3）

贈られてきた品を記録しておくのは，返礼の場合や後々の参考のために必要だからである。上書きはそのようなことには関係ないので不適当ということである。

19 －5）

難しい言葉でも，前後の関係で大体のことは分かるものだからそのままにしておくか，必要なら別の言葉に言い直せばよい。その言葉の意味は分かるかと尋ねるなどは，相手を見下すようなことにもなり不適当ということである。

20 －5）

Ｙ社から見れば，上司もＡも客である。Ｙ社の担当者がドアを開けてくれたのなら，礼を言ってそのまま退室すればよい。代わると言ってドアを押さえるなどは，訪問先ですることではないので不適当ということである。

21 －5）

業務の改善の提案は誰がしてもよいのだから，Ｂのすることではなかったというのは不適当。なお，今の業務の形は先輩たちが経験によって積み上げたもの。提案の前に先輩に相談するなどが礼儀ということである。

22 ―5）

亡くなったのは取引先の部長である。懇意にしていたことで，個人名でも打つ場合もあるが，秘書から手配するがよいかと確認するのは出過ぎたことなので不適当である。

23 ―1）

来客は上司の郷里の友人と名乗るのだから，まず上司に取り次ぎ指示を仰ぐのがよいことになる。不意であっても，用件を聞かせてもらいたいと言うなどは，私的なことに立ち入っているので不適当ということである。

技　能

24 ―2）

初めて利用するホテルの予約で確認したり伝えたりすることは，予約に必要なことと上司の宿泊に差し支えがないようにするためのこと。滞在中に上司が部屋を空ける時間はそれらに関係がないので，伝えたのは不適当ということである。

25 ―4）

電子メールは，複数の人に同時に送ることができるが，効率を重視した連絡手段であり，格式を重んじる案内には向かない。従って，あいさつ状や式典の招待状のような儀礼的な文書を送るのに電子メールは不適当ということである。

26 ―2）

領収書は，販売者が代金を受け取った証拠として発行するもの。となると，その事実が証明されればよいことになる。書籍の注文日は，そのようなことに関係ないので，確認することではないということである。

27 －3）

年間予定表は1年の予定を一覧するためのものだから，定例行事などの大きな予定を書くことになる。従って，細かく書くなどは不適当。時間や場所などの細かいことは，週間や日々予定表に書く。

28 －4）

「秘」扱い文書は，存在そのものも知られないようにするのが扱い方の基本である。それを4）のように自席の内線電話で伝えたのでは，周りの人に知られてしまう恐れがあるので不適当ということである。

29 －3）

「前略」とは前文を省略するという意味。「時下ますますご隆盛のこととお喜び申し上げます」は前文である。前文を省略すると書いておいて前文を書いているので不適当ということである。

30 －1）

「進退伺」とは，仕事上で過失などをしたとき，会社を辞めるべきかどうかの判断を上役に仰ぐための文書のこと。「転勤」とは，同じ会社などの中で勤務地が変わることなので，直接関係のある用語の組み合わせとして不適当ということである。

31 －2）

「各位」は「皆さま方」という意味で，文書に使う敬称なので不適当。この場合は封筒の宛て名だから，「S支店御中」「S支店○○様」などになる。

記述問題

マナー・接遇

32

a　ご尊父
b　お悔やみ
c　心から
d　お祈り

33

1）

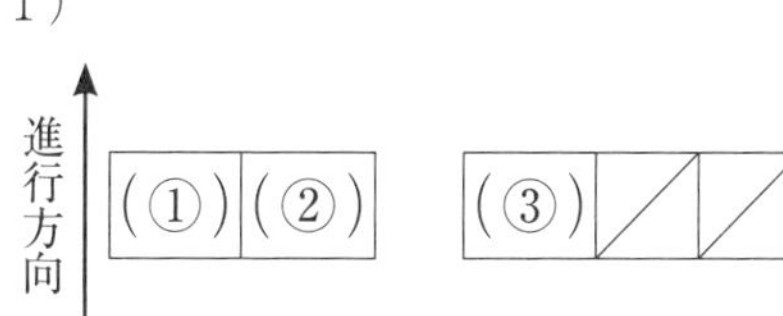

2）

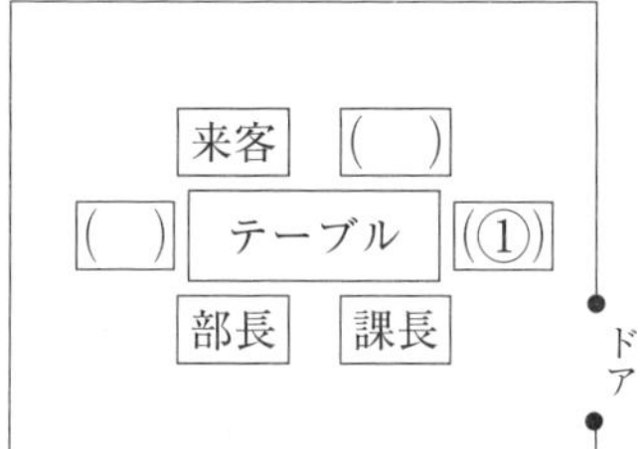

3）

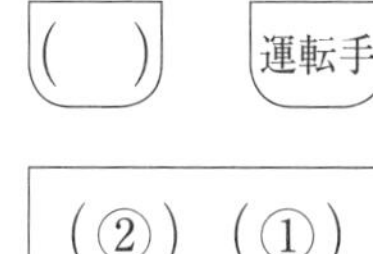

技　能

34

1）取りあえず・取り急ぎ
2）略儀ながら
3）末筆ながら

35

1）棒グラフ
2）円グラフ
3）折れ線グラフ
4）棒グラフ

秘書検定２級実問題集　2021年度版　解答・解説編

2021 年 3 月 10 日　初版発行

編　者　公益財団法人 実務技能検定協会 ©
発行者　笹森 哲夫
発行所　早稲田教育出版
〒169-0075　東京都新宿区高田馬場一丁目4番15号
株式会社早稲田ビジネスサービス
https : //www.waseda.gr.jp/
電話　(03) 3209-6201

早稲田教育出版